G'schichten aus dem alten Innsbruck

Berenkamp

Ingelies Zimmermann

G'schichten aus dem alten Innsbruck

Begebenheiten, Schicksale und
Originale, die einst
die Gemüter erregten

Zeichnungen von Benno Meliss

Mitherausgeber
Stadtgemeinde Innsbruck

Berenkamp

Bibliographische Information der Deutschen Bibliothek

Die Deutsche Bibliothek verzeichnet diese Publikation in
der Deutschen Nationalbibliographie; detaillierte bibliographische
Daten sind im Internet über **http://dnb.ddb.de** abrufbar.

Zeichnungen von Benno Meliss

Mitherausgeber
Stadtgemeinde Innsbruck

ISBN 3-85093-159-5

Berenkamp

Umschlaggestaltung: Berenkamp
Umschlagbild: Sammlung Herbert Zimmermann

Alle Rechte vorbehalten
Copyright © 2002
Berenkamp Buch- und Kunstverlag
www.berenkamp-verlag.at
ISBN 3-85093-159-5

dip.druck · Bruneck

Inhaltsverzeichnis

9   Hilde Zach, Ein Wort voraus

11 Zum Anfang gleich einmal eine Erklärung …

13 Der Musentempel der kleinen Leute: das „Pradler Bauerntheater"

16 Vor hundert Jahren begann es. Die Geschichte der Exl-Bühne

21 Dichter und Schriftsteller

21   Rudolf Greinz und „Die Stadt am Inn"
24   Das „Unversehrte Jahr" des Josef Leitgeb
26   Hermann von Gilm's „Allerseelen"
29   Literarische Zirkel und Dichterklubs

33 Who was who? Berühmte Leute auf vergessenen Denkmälern

33   Ferdinand Graf Bissingen-Nippenburg
34   Wilhelm Freiherr von Eichendorf
35   Wilhelm Bienner, der „Kanzler von Tirol"
39   Anton Müller – alias „Bruder Willram"
42   Karl Emerich Hirt
44   Paul von Weinhart
46   Herr Walther von der Vogelweide
49   Josef Pöll und seine Lieder

51	Franz Thurner – versunken und vergessen
52	Josef Wenter

55	Essen – Trinken – Baden
55	Über den Weinbau in Hötting
56	Kaiser Maximilian und das „Venusbad" in Hötting
59	Der „Venus-Bad-Wirt" Pitscheider
61	Die Innsbrucker von gestern waren eifrige Schwimmer

69	Feste – Freizeit – Feiern
70	Innsbruck im Monat Mai …
71	Die Allelujastaude
74	Fastenzeit und Osterzeit
77	Im alten Innsbruck blühte das Vereinsleben

83	Als man noch „ins Kino" ging …
84	Wie es in Innsbruck mit dem Kino anfing

89	Unheimliches von Geistern, Gespenstern und vergrabenen Schätzen

97	Alt-Innsbrucker Originale
98	Die „Huat-Anna"
100	Der Wlupp
100	Der Obst-Steigen-Pepi
101	Der „Topf'n-Loter"
103	Der „Wolfele Wilde"

105	Der „Stauden-Gustl"
106	Der gekränkte Baumeister und seine Rache

109	Schwere Zeiten – traurige Ereignisse
109	Katastrophen
110	Erdbeben in Innsbruck
113	Der „Schwarze Tod", die Pest, sucht Innsbruck heim
118	Das „Engländergrab" oberhalb der Weiherburg
121	Bomben auf Innsbruck

125	Die Innsbrucker Militär-Friedhöfe
125	Der Tummelplatz
127	Der „Alte" Militärfriedhof
129	Der „Neue" Militärfriedhof in Pradl

130	Hilfe von oben!
131	Die Verehrung des „Herzen Jesu"
135	Über den Heiligen Judas Thaddäus
137	Das „Höttinger Bild"
140	Heilig-Wasser oberhalb Igls

143	Literatur und Quellen

Ein Wort voraus

G'schichten, die das Leben schrieb

G'schichten, die in keinem Geschichtsbuch stehen, erzählt Ingelies Zimmermann. In ihrem ganz speziellen, lockeren Stil gibt sie Einblicke in den Alltag der Menschen, die unsere Stadt geprägt haben. Dabei geht es der Autorin, die selbst eine überzeugte Innsbruckerin ist, nicht um die wissenschaftliche Aufarbeitung verschiedener Ereignisse. Mit ihren kleinen und großen Episoden ist Ingelies Zimmermann vielmehr dem Flair der Tiroler Landeshauptstadt auf der Spur. Ob sie nun von Dichtern und Schriftstellern erzählt, von Gespenstern oder den „Innsbrucker Originalen" – immer zeigt uns die gelernte Journalistin, daß es vieles gibt, was viel zu schade wäre, um in Vergessenheit zu geraten.

Das Gespür für Historie wurde der Innsbruckerin schon in die Wiege gelegt, stammt sie doch aus einer sehr geschichtsbewußten Familie. Dem Buch vorausgegangen sind aber nicht nur unzählige Gespräche über Innsbruck und seine Menschen, sondern natürlich auch jahrelange, detailgetreue Recherchen. Und so ist ein warmherziges Buch entstanden, das zum Schmunzeln anregt, sicher aber auch das eine oder andere „Aha-Erlebnis" bietet.

In diesem Sinne wünsche ich allen Leserinnen und Lesern viel Vergnügen beim „Schmökern" durch Innsbrucks G'schichten!

(Hilde Zach)
1. Vizebürgermeisterin
und Kulturreferentin der Stadt Innsbruck

Innsbruck, im Herbst 2002

Zum Anfang gleich einmal eine Erklärung …

Die alten Geschichten sind, das ist nun einmal so, Tratsch und Klatsch von gestern und vorgestern. Die „Seitenblicke" von anno dazumal gewissermaßen …

Große und wichtige Ereignisse werden in Chroniken und eindrucksvollen Geschichtswerken festgehalten. Die kleinen Begebenheiten aber, jene, die das Leben bunter und vielfältiger gestaltet haben, geraten nach und nach in Vergessenheit. Sie bleiben vielleicht im Gedächtnis älterer Leute hängen, doch hier passiert es, daß beim Erzählen der Begebenheit einmal etwas weggelassen und einmal etwas hinzugedichtet wird. Der Kern der Sache bleibt ja bestehen, aber das Drumherum verändert sich. Dazu kommt, daß man alles auch von verschiedenen Gesichtspunkten aus betrachten kann, und jeder Erzähler findet, die Veränderung einer Pointe zum Zugkräftigeren hin täte der Geschichte nur gut. Es sei also gleich einmal festgehalten, es kann durchaus sein, daß möglicherweise die eine oder andere Begebenheit im Gedächtnis mancher Leute in anderer Weise hängengeblieben ist.

Wie aber haben die Innsbrucker von damals gelebt? Waren sie fleißiger, sparsamer, frömmer, höflicher, moralischer, arbeitsamer, bescheidener oder was immer? Zur Beruhigung, sie waren es genauso wenig wie die Innsbrucker von heute. Menschliches und allzu Menschliches passierte damals wie heute, und wer davon nicht betroffen war, konnte sich bestens unterhalten – auf Kosten anderer, versteht sich! Das dürfte heute genauso sein.

Geschichten, Begebenheiten und Ereignisse, die einst die Gemüter bewegten, sind der Inhalt dieses Buches, das keinen Anspruch auf Vollständigkeit erheben will. Auch was den Wahrheitsgehalt betrifft, wurde – trotz Nachlesens und Informierens in einschlägiger Literatur, im Durchblättern vergilbter, alter Zeitungen und brüchig gewordener Zeitschriften – ehrlich versucht, der Wahrheit so genau wie nur möglich zu entsprechen. Auszuschließen ist allerdings auch nicht, daß sich die eine oder andere Sache vielleicht doch anders zugetragen haben könnte.

Die Autorin hat viele Jahre gesammelt, aufmerksam den Erzählungen uralter Tanten, Großtanten, Großväter und Großmütter, den Eltern, deren Freunden und Bekannten zugehört und das Gehörte notiert. Nachforschungen ergaben, die bereitwilligen Berichterstatter haben sich mehr oder weniger – kleine Abweichungen sind toleriert – im großen und ganzen an die Wahrheit gehalten. Die Legende vom Gedächtnis wie ein weißer Elefant wurde solchermaßen absolut bestätigt! Was Leute von früher bewegt hat, läßt uns heute lächeln. Das ist auch gut so, denn die Zeit, die über einem Ereignis liegt, läßt dieses in einem milderen Licht erscheinen.

Die hier erzählten Geschichten erheben keinen Anspruch auf Vollständigkeit. Es ist bestimmt weit mehr passiert, aber vielleicht bietet sich einmal die Gelegenheit, in einer Fortsetzung das Leben der Innsbrucker von damals wieder aufzublättern. Für diesmal sei allen, die mit ihren Erzählungen, Erinnerungen und Berichten am Zustandekommen der „G'schichten aus dem alten Innsbruck" beteiligt waren, ein herzliches Dankeschön gesagt.

Den Lesern aber wünscht gute Unterhaltung und viel Vergnügen

(Ingelies Zimmermann)

Der Musentempel der kleinen Leute: das „Pradler Bauerntheater"

Ein ganz gewöhnlicher, ordentlich aufgeräumter Hinterhof im Innsbrucker Stadtteil Pradl. Er befindet sich Ecke Egerdachstraße/Gabelsbergerstraße. Niemand, der heute einen Blick dorthin wirft, ahnt, daß sich an dieser Stelle einmal die Bretter befanden, die einst die Welt bedeuteten. Für bestimmte Menschen natürlich, solche, in deren Adern Theaterblut floß, in dem Hinterhof befand sich nämlich das legendäre „Pradler Bauerntheater".

Das Gebäude davor, der „Lodronische Hof", stammt in seinem Baukern aus dem 17. Jahrhundert und stand im Besitz der Familie von Lodron. Die Liegenschaft wechselte mehrmals den Eigentümer; bis 1887 gehörte sie Georg, Freigraf von Aarau. Übrigens – Pradl war damals ein Teil der selbständigen Gemeinde Amras und wurde erst im Jahr 1904 der Stadt Innsbruck eingemeindet.

Den Hof muß man sich völlig anders vorstellen, als er sich heute darbietet. Eine einfache Bretterbühne, dahinter vielleicht Garderoben und Kulissendepots. Die Besucher saßen auf Bänken im Freien. Die besseren Plätze, Sitzplätze natürlich, befanden sich vor der Bühne. Dahinter gab es mit dem sogenannten „Ochsenstand" einen Stehplatz, für den natürlich weit weniger bezahlt werden mußte als für den Sitzplatz, der etwas vornehmer war.

Die Besucher des Theaters waren die sogenannten „kleinen Leute". Einfache Bürger, Handwerker, Gewerbetreibende, Beamte der niedrigeren Dienstränge, Militär der verschiedensten Mannschaftsgrade, seltener Offiziere, dafür Dienstmädchen, Hausangestellte, Menschen, die ihren arbeitsfreien Sonntagnachmittag auf vergnügliche Weise erleben wollten.

Die Stücke, die gespielt wurden, kamen den Wünschen und Vorstellungen der Zuseher entgegen. Man konnte herzergreifende Schicksale erleben, war dabei, wenn edle Burgfrauen dem finsteren Intrigenspiel eines moralisch verkommenen Individuums zum Opfer fielen, wenn innig Liebende grausam auseinanderge-

Abb. 1 Original-Theaterzettel des Pradler Bauerntheaters aus dem Jahr 1904.

rissen wurden, weltentrückte Heilige einen schrecklichen Martertod zu erleiden hatten oder tapfere Ritter heldenmütig das Böse bekämpften, ungeachtet aller Verluste. Am Ende jedes Theaternachmittags konnten die Zuseher erleichtert aufatmen. Das Böse wurde besiegt, das Gute belohnt, und es triumphierte über die Schlechtigkeit der Welt. Die stimmte im „Pradler Bauerntheater" auf jeden Fall, und damit das auch fernerhin so bleibe, dafür sorgte die Direktion.

Die „Hochblüte" des Theaters lag in der Zeit vor dem Ersten Weltkrieg. Den absoluten Höhepunkt erlebte es unter der Prinzipalin Josephine Weiß. Frau Weiß, geboren am 23. Dezember 1854 in Hötting, starb am 15. Oktober 1932 in Innsbruck. Schon ihr Vater, der Schneidermeister Ferdinand Rauter, hatte in seinen Adern Theaterblut. Er leitete das Bauerntheater beim „Rössl in der Au", und die kleine Josephine durfte bereits damals mitspielen. Als 1866 das

Theater in der Höttinger Au wegen Baufälligkeit geschlossen werden mußte, schlug man die Bühne im Jahr 1869 im „Lodronischen Hof" in Pradl auf. Josephine war inzwischen erwachsen geworden und mit dem Schuster Franz Xaver Weiß verheiratet. Sie übernahm nach dem Tod ihres Vaters die Leitung des Theaters, und mancher Intendant von heute könnte neidvoll erblassen, denn Frau Weiß war in vielerlei Hinsicht ein Genie! Sie spielte zahlreiche Frauenrollen, sie führte Regie, kümmerte sich um Kostüme und Dekorationen, engagierte oder entließ Schauspieler, sie saß an der Kassa und kontrollierte die Einnahmen, sie führte die Buchhaltung – mit eiserner Korrektheit, versteht sich – und, damit nicht genug, sie schrieb auch zahlreiche Theaterstücke. Sie kannte ihr Publikum und wußte, was man von einer Vorstellung im Pradler Bauerntheater erwartete. Und, man mag es glauben oder nicht, Frau Weiß enttäuschte ihre treuen Zuseher nie!

Ihre Stücke waren zutiefst moralisch. Da verbrachte unter schlechtesten Bedingungen die von ihrer Burg vertriebene Genoveva mit ihrem Söhnchen Schmerzensreich von Hunger, Entbehrung und Kälte geprägte Zeiten im dunklen Tann, bis endlich die Wende zum Besseren eintraf und Genoveva in reichem Maß für alle erlittene Unbill entschädigt wurde. Auch die Geschichte der heiligen Afra gehörte zum Repertoire, doch die wahren Helden der Josephine Weiß lebten im Mittelalter. Hochedle Ritter, tapfere Knappen, tugendhafte Ritterfrauen, verliebte Burgfräuleins, musische Minnesänger, aber auch intrigante Finsterlinge, verschlagene Burgpfaffen, grausame Folterknechte traten auf. Das Dienstpersonal auf den Burgen war bescheiden und der Herrschaft treu ergeben. Viele Stücke spielten in der Zeit der Kreuzzüge, die den Grund dafür lieferten, daß – während der Burgherr kämpfend außer Landes weilte, sich zu Hause in den zugigen Räumen der Burg eiskalte Tragödien abspielten.

Daß keine Vorstellung der anderen glich, daß Zurufe aus dem Publikum zu gewagten Extempori führten, war durchaus im Sinn der Theaterchefin.

Der große Einbruch erfolgte mit dem Ausbruch des Ersten Weltkriegs. Nahezu alle männlichen Darsteller rückten zum Militär ein, 1917 mußte das Theater schließen.

Nach Ende des Krieges versuchte man 1919 einen Neubeginn. 1922 verfügte die Baubehörde infolge Baufälligkeit der Anlagen die Schließung des Pradler Musentempels. Die Mimen übersiedelten in ein Ausweichquartier ins zehn Kilometer entfernte Absam, wo im „Kirchenwirt" die Bühne aufgeschlagen wurde. Es war jedoch nicht mehr das Richtige. Ob es an den Besuchern lag oder einfach an den veränderten Zeiten, die Tage des Pradler Bauerntheaters waren vorbei.

Die Gastwirtschaft zum „Lodronischen Hof", die sich im straßenseitigen Gebäude befand, wurde noch eine Zeitlang betrieben, dann schloß auch sie. Heute wohnen Mietparteien im Haus. Der Hinterhof ist ordentlich aufgeräumt und ein Hof wie viele andere. Daß sich dort einmal Tragödien und Komödien abgespielt haben, läßt sich nicht einmal mehr erahnen.

Vor hundert Jahren begann es.
Die Geschichte der Exl-Bühne

Am Ostermontag des Jahres 1902 erlebten die Innsbrucker eine „Sternstunde" des Theaters. Allerdings – damals ahnten sie noch nicht, daß die Premiere der Exl-Bühne im „Österreichischen Hof" in der Innsbrucker Andreas-Hofer-Straße zum Start einer bis heute beispiellosen Theaterkarriere werden sollte.

Am Spielplan stand Anzengrubers Stück „Der Pfarrer von Kirchfeld". In der Titelrolle der Chef der Truppe: Ferdinand Exl.

Ferdinand Exl, geboren am 30. Mai 1875 in Innsbruck, war Sohn eines Postbeamten. Er erlernte das Buchbinderhandwerk. Schon während der Lehrjahre begann er im Pradler Bauerntheater als Schauspieler. Mit 27 Jahren trat er zum ersten Mal mit der von ihm gegründeten „Ersten Tiroler Bauernspieler-Gesellschaft" auf. Aus dieser Gruppe entstand die berühmte „Exl-Bühne", eine Theater-

Abb. 2. Theaterzettel der Exl-Bühne aus dem Jahr 1902. Mit Anzengrubers „Der Pfarrer von Kirchfeld" trat die Gruppe zum ersten Mal vor die Öffentlichkeit. Eduard Köck und Ludwig Auer, damals noch Mittelschüler, traten unter den Künstlernamen Hans Rainer und Max Wild auf.

truppe, die im gesamten deutschen Sprachraum Erfolge über Erfolge einheimste. Der Premiere im „Österreichischen Hof" folgten von 1902 bis 1904 Jahre, in denen im „Adambräu" gespielt wurde. Danach wurde bis 1915 über den Sommer im „Löwenhaus" am

Rennweg, es befand sich dort, wo heute das ORF-Studio Tirol steht, gespielt, im Winter ging die Truppe auf Tournee. Ferdinand Exl, der Chef, war nicht nur ein Vollblutschauspieler, sondern auch ein hervorragender Organisator, der es verstand, seine Schauspieler zu einer Einheit zusammenzuschmelzen. Seine Frau, Anna, eine geborene Gstöttner, die Schwägerin Mimi Auer, geborene Gstöttner, Ludwig Auer, der Schwager, Ilse Exl, die Tochter, Eduard Köck, der hochgewachsene Mann mit dem Charakterkopf – sie waren die Säulen des Ensembles. Wer dazu stieß, hatte sich dem Ensemble – der Familie – mehr oder weniger unterzuordnen beziehungsweise einzufügen. Das ergab eine homogene Gruppe, in der jeder seinen Platz einnahm.

Der Erfolg war auf seiten der Exl-Leute, wie man sie bald nannte. Keine Frage, daß sich Schriftsteller und Dramatiker, wie Franz Kranebitter oder Karl Schönherr, hinsetzten, um Stücke zu schreiben, die mit ihren handelnden Personen genau auf die Exl und ihre Truppe zugeschnitten waren.

Theatergeschichte geschrieben hat Ferdinand Exl als Kaspar in „Frau Suitner" mit Anna Exl in der Titelrolle. Wenn Eduard Köck als alter Grutz in Schönherrs „Erde" feststellte „... und sie tragt mi no, die Erd'n", dann war das Theater, das unter die Haut ging. Ob „Glaube und Heimat", ob „Um Haus und Hof", ob „Die Bildschnitzer" oder „Karnerleut", die Exl verstanden es, den Figuren Leben zu geben, sie waren die Menschen, die man ihres Glaubens wegen aus der Heimat vertrieb, die

Abb. 3–5. Ferdinand Exl, Ilse Exl, Mimi Gstöttner-Auer.

um den Besitz und dessen Nachfolge stritten, die Armut und Not litten, und wenn lang nach den Napoleonischen Kriegen „Volk in Not" am Spielplan stand, fühlten auch die Zuseher, worum es ging.

Die Exl-Leute spielten sogar am Burgtheater und ernteten Erfolg. Ihre tirolerisch gefärbte Bühnensprache verstanden auch Zuseher, denen der Dialekt fremd war. Nicht allein die Darstellung, auch die Sprache war mit ein Erfolg der Exl-Leute. Keine Frage, daß auch der Film kam, und ob es die „Geierwally" mit Eduard Köck als unbarmherzigen Bauern oder die Komödie „Ulli und Marei" mit Ilse Exl war, das Ensemble war im gesamten deutschen Sprachraum ein Begriff.

1942 starb Ferdinand Exl, 1956 Ilse Exl. Ein Mitglied nach dem anderen ging dahin. Und waren auch Größen wie z. B. Walter Reyer zwischendurch im Ensemble, so ereilte die Bühne das unausweichliche Schicksal aller Familienunternehmen, die sich in sich selbst erschöpfen. Man hat den Exl-Leuten zum Vorwurf gemacht, sie hätten sich nicht um Nachwuchs bemüht. Mag sein, daß den hohen Ansprüchen nicht leicht wer gerecht werden konnte, mag sein, daß sich aufstrebende Talente nicht auf eine Dialekt-Bühne einlassen wollten.

Dabei stimmte das nicht. Die Exl-Leute spielten auch anderes. Ferdinand Exl leitete von 1915 bis 1920 das Innsbrucker Stadt-Theater. Er gründete 1919 die Kammerspiele, die er bis 1922 leitete, er inszenierte auch Stücke

Abb. 6–8. Eduard Köck, Walter Reyer, Dietmar Schönherr.

von Frank Wedekind. Die Auseinandersetzung mit modernen Autoren fand Fortsetzung im Zyklus des Volksstücks der Nationen. Man spielte John Knittels „Therese Etienne", man spielte McLiamoirs „Feuer", aber auch Kleists „Der zerbrochene Krug". Man wollte die Romantik des alten Rittertheaters aufleben lassen und setzte die schaurig schöne Ballade „Der Graf von Schroffenstein" auf den Spielplan. Auch „Die Räuber vom Glockenhof" wurde gespielt, und immer saß ein dankbares Publikum im Zuschauerraum und genoß einen hervorragenden Theaterabend.

Doch eines Tages war es endgültig vorbei. Offiziell setzte man das Ende der Exl-Bühne mit dem Tod von Tochter Ilse 1956 fest. Was danach versucht wurde, war nicht mehr das Rechte. Die letzte Stunde der Exl hatte geschlagen, und damit ging ein Stück Tiroler Theatergeschichte unwiderruflich zu Ende.

Ab und zu flimmert ein uralter Film in Schwarzweiß über die Bildschirme am Samstagnachmittag. Da und dort gibt es noch Schallplatten mit den unvergeßlichen Stimmen der Exl, doch das ist es auch schon. In der Innsbrucker Falkstraße erinnert das „Haus Exl" an die Familie. Hundert Jahre nach der Premiere im „Österreichischen Hof" interviewte der ORF die Enkelin, eine sympathische Dame, die sich an die Glanzzeiten der Großeltern natürlich gut erinnerte. Doch vielen Zusehern jüngerer Generationen ist die Exl-Bühne kein Begriff mehr.

Abb. 9. Theaterzettel der Exl-Bühne zum Stück „Der Graf von Schroffenstein".

Dichter und Schriftsteller

RUDOLF GREINZ UND „DIE STADT AM INN"

Das Haus Müllerstraße 33 ist ein typisches, in der Zeit der Jahrhundertwende gestaltetes Bürgerhaus. Errichtet wurde es 1902 von der Innsbrucker Bau-Unternehmung Huter. So wie es damals konzipiert wurde, bietet es sich heute noch den Betrachtern.

Doch damals, am 30. April 1906, spielte sich dort eine Tragödie ab. Einer der Mieter, der angesehene Rechtsanwalt Dr. Wilhelm Rutthofer, wurde, von mehreren Messerstichen durchbohrt, tot aufgefunden. Die Innsbrucker waren entsetzt. Rutthofer, Angehöriger des liberalen Flügels, galt als aussichtsreicher Kandidat für einen Sitz im Tiroler Landtag, und nun war das hoffnungsvolle politische Talent ermordet worden! War die Tat eine politische, womöglich von einem Gegner der konkurrierenden Partei verübt?

Nein, der Fall lag ganz anders. Rutthofer, ein Mann in den sogenannten „besten Jahren", hatte erst spät geheiratet. Frau Luise, geborene Weiss, war um etliches jünger. Sie stammte aus einfachen Verhältnissen, die Heirat mit dem angesehenen Anwalt bedeutete für sie einen gesellschaftlichen und sozialen Aufstieg. Aber wie es nach der ersten Begeisterung oft geschieht, Frau Luise mußte feststellen, daß die Interessen des Ehegatten nicht bei ihr lagen, sondern bei der Politik. Frau Luise langweilte sich, und es dauerte nicht sehr lang, bis sie einen Verehrer fand, der sich weit intensiver mit ihr beschäftigte als der im Wahlkampf engagierte Wilhelm.

Kein Ehemann nimmt solches hin. Geahnt hat er ja schon etwas, der Beweis aber fehlte. Also legte er sich auf die Lauer. In der Nacht zum 30. April überraschte er seine Gattin, die in den Armen des Geliebten die Freuden der Sinneslust genoß. Der Geliebte, Ivan Sablic, und der Ehemann gerieten aneinander, am Ende lag der betrogene Ehemann tot im Schlafzimmer.

Den Prozeß, der im November 1906 über die Bühne ging, verfolgten die Innsbrucker mit großer Aufmerksamkeit. Der Bote für Tirol berichtete ausführlich, bezeichnete Herrn Sablic als „Individuum", schilderte bis ins letzte Detail die Garderobe der völlig gebrochenen Luise, die jede Hoffnung auf ein geordnetes Leben aufgegeben hatte. Sie nahm alle Schuld auf sich, es war ja schon egal. Kein Mann mehr, keine gesellschaftliche Stellung, kein Geliebter – was anderes hätte sie also tun sollen? Das Gericht war von Frau Luises Schuld jedoch nicht völlig überzeugt und ahnte, daß sie es nicht gewesen war, jedenfalls sah man in ihr nicht die alleinige Täterin. Das Urteil lautete daher: zehn Jahre Haft wegen Totschlags, abzubüßen im Frauengefängnis zu Schwaz. Frau Luise saß die Strafe nicht zur Gänze ab, sie starb vorher.

Die Tragödie war zu Ende, und über die Geschichte hätte eigentlich Gras wachsen können. Das war aber nicht der Fall, denn …

Im Jahr 1915 erschien aus der Feder des bekannten, beliebten und vielgelesenen Schriftstellers Rudolf Greinz ein Roman mit dem Titel: „Die Stadt am Inn". Sein Inhalt – die Rutthofer Tragödie. Übrigens, Herr Greinz bemühte sich nicht sonderlich, um die Sache zu verschlüsseln. Aus Wilhelm Rutthofer wurde Valentin Rapp, die traurige Geschichte spielte sich nicht in der Wiltener Müllerstraße, sondern in einer Saggenvilla ab. Der Liebhaber war kein „Individuum", sondern ein aufstrebendes Malergenie, dem dank der intensiven Sponsortätigkeit von Frau Luise eine glanzvolle Karriere bevorstand. In der Mordnacht verschwand der Künstler auf Nimmerwiedersehen. Dichter Greinz schildert das als letztes Liebesopfer der Gattin, die ihm zur Flucht verholfen hat.

Das Buch war innerhalb weniger Tage vergriffen. Zu gut erinnerten sich die Innsbrucker an das Geschehen vor wenigen Jahren. In kleinen Städten vergißt man nicht leicht!

Wer aber war Herr Greinz?

Geboren wurde er am 16. August 1866 als Sohn eines Postbeamten in Pradl, Pradlerstraße Nummer neun. Pradl gehörte damals noch nicht zu Innsbruck, und Greinz betonte ein Leben lang mit Stolz, kein Innsbrucker, sondern ein Pradler zu sein.

Der junge Greinz war nicht ganz gesund, er hatte es „auf der Lunge". Zur Genesung schickte man ihn nach Meran, jenen Kur-

Abb. 10. Rudolf Greinz.

ort, der damals das Mekka aller war, die es „auf der Brust hatten". In Meran war so gut wie nichts los, und der junge Mann langweilte sich. Er war ein guter Zuhörer, er lauschte mit Interesse den Gesprächen an den Meraner Stammtischen und machte sich Notizen. Daraus entstanden seine Romane. Jeder ein Bestseller. Sie erschienen in braver Regelmäßigkeit im Verlag Staakmann zu Leipzig, und wenn im Herbst ein neuer Greinz in die Buchhandlungen kam, rieben sich deren Besitzer die Hände, denn Greinz war ein gutes Geschäft. Seine Romane enthielten alle irgendwo ein Körnchen Wahrheit. So beruht die traurige Geschichte des Notars Erlacher, der aus wirtschaftlicher Not Mündelgelder unterschlagen hat – im Roman ist sie in Glurns angesiedelt –, auf einer wahren Begebenheit, die sich allerdings in Sterzing abgespielt haben soll. Auch die Ereignisse, die in „Die Stadt am Inn" gelegt wurden, fußen, wie man weiß, auf einer wahren Begebenheit.

Greinz kam zu Ansehen und Wohlstand. In Aldrans errichtete er sich mit dem Ansitz „Rosenegg" ein nobles Refugium. Die Villa wird heute von seinen Nachkommen bewohnt. Er starb an seinem Geburtstag am 16. August 1942, sein Grab befindet sich am Ampasser Friedhof. Natürlich steht als Geburtsort nicht Innsbruck, sondern Pradl auf dem Grabstein.

„DAS UNVERSEHRTE JAHR" DES JOSEF LEITGEB

Die Neurauthgasse im Stadtteil Wilten zählt wirklich nicht zu den berühmten oder repräsentablen Straßen der Stadt. Literaturkenner sehen die stille Seitenstraße, die von der Leopoldstraße ostwärts verläuft, jedoch mit anderen Augen. Dort nämlich wuchs der Dichter und Schriftsteller Josef Leitgeb auf.

Leitgeb wurde am 17. August 1897 in Bischofshofen geboren. Ein Umstand, den er als Eisenbahnerkind dem Beruf seines Vaters verdankte, der ihm aber zeitlebens als gewisser Makel schien, denn er fühlte sich mit Leib und Seele als Innsbrucker und im besonderen als Wiltener.

Leitgeb wurde Lehrer. In beiden Weltkriegen mußte er zu den Waffen, und die Kriegsereignisse haben den sensiblen Leitgeb stark geprägt. Seine Werke – Romane, Essays, Erzählungen, Lyrik – zeugen von tiefem Empfinden, starker Liebe zur Natur und kritischen Auseinandersetzungen mit den Menschen, ihren Fehlern, Schwächen und Stärken.

Sein wohl populärstes Buch handelt von seiner Heimatstadt Innsbruck. „Das unversehrte Jahr" schildert die eigene Kindheit, damals in Wilten, in den Jahren vor dem Ersten Weltkrieg.

Die Leitgeb-Buben, Josef und sein Bruder Rudolf, verloren allzu früh die geliebte Mutter. Der Vater wußte keine andere Lösung, als die beiden Buben im „Siebererschen Waisenhaus" im Saggen unterzubringen. Für die Kinder, besonders für den empfindsamen älteren Josef, war das ein Bruch mit allem, was vorher gewesen

Abb. 11 Josef Leitgeb.

war. Doch wie aus den Schilderungen hervorgeht, schienen die Kinder ihr Schicksal mit erstaunlichem Verständnis hingenommen zu haben.

Alles wurde besser, als der Vater ein zweites Mal heiratete. Die Buben kamen wieder heim, die neue Frau wurde zur Mutter, wie man sich eine solche nicht besser wünschen könnte, doch das Glück war nicht von Dauer, es starb jetzt der Vater.

Wie hat man in Innsbruck damals gelebt? Die kirchlichen Feste prägten das Jahr, die Schule war zentraler Mittelpunkt, doch Wanderungen mit dem Vater brachten den Kindern die Natur näher. Der Wechsel der Jahreszeiten, der Innsbrucker Föhn, die klaren Farben der Nordkette an solch windstürmenden Tagen, aber auch die kleinen Vergnügungen, der Besuch des „Höttinger Peterlspiels" im Winter, Hausmusik in der Leitgebschen Wohnstube, der weitgereiste Onkel, der einen Hauch der großen Welt in die kleine Welt nach Wilten brachte, Sommerferien bei einem Verwandten im Tiroler Oberland … es war eine kleine, stille und behütete Welt, in der man damals lebte.

Josef Leitgeb starb am 9. April 1952 an einem Nierenleiden. Er ist am Mühlauer Friedhof beerdigt, ganz in der Nähe berühmter Vorbilder wie Georg Trakl oder Ludwig v. Ficker.

Seine Werke sind heute fast vergessen, was bedauerlich ist. Lediglich die Kindheitsgeschichte „Das unversehrte Jahr" führen gute Buchhandlungen heute noch, und wer das schmale Bändchen liest, taucht in eine Welt ein, die es heute nicht mehr gibt. Ob sie besser war, ist die Frage, die Umstände selbst mögen sich ja geändert haben, aber Innsbruck, seine Umgebung und seine Jahreszeiten, die sind bis heute gleich geblieben!

HERMANN VON GILMS „ALLERSEELEN"

Wer die steile Höttinger Gasse hinaufgeht, entdeckt wenige Meter nach der Rechtskurve hinter hohen Mauern ein stattliches Anwesen. Der Ansitz „Ettnau" trägt die Hausnummer 25. Er wurde um das Jahr 1690 erbaut und war im 18. Jahrhundert Sitz des Sonnenburgischen Landgerichts. Die heutige Form erhielt der Ansitz im 19. Jahrhundert.

Daß man daran nicht einfach vorbeigehen sollte, weiß die an der straßenseitigen Front des Hauses angebrachte Gedenktafel. Aus den heute schwer zu entziffernden, verwitterten Buchstaben ist zu entnehmen, daß der „tirolische Dichter" Hermann von Gilm von 1829 bis 1840 in diesem Haus lebte. Es war damit einer der zahlreichen Wohnsitze des etwas unsteten, ständig seine Behausungen wechselnden Dichters.

Doch wer war Hermann von Gilm eigentlich?

Er wurde am 1. Oktober 1812 als Sohn eines Landrichters geboren. Die Kindheit verbrachte der kleine Hermann auf Grund einer berufsbedingten Versetzung des Vaters nach Feldkirch in Vorarlberg. Mit vier Jahren verlor er seine Mutter, die an Tuberkulose starb. Ab 1826 lebte die Familie – der Vater hatte wieder geheiratet – in Innsbruck, Hermann besuchte das Gymnasium und studierte Jura. Gilm war schließlich als Rechtspraktikant beim Gubernium tätig.

Die ersten Gedichte wurden 1836 veröffentlicht, „Märzveilchen" nannte er den ersten Band seiner Lyrik.

Gilm war, wie Zeitgenossen feststellten, ein schwieriger, melancholischer und in sich gekehrter Mensch. Düstere Stimmungen überwogen, auch in der Liebe hatte er wenig Glück. Seine in Zyklen zusammengefaßten Gedichte ordnen Literaturfachleute heute in den Bereich „Stimmungs- und Empfindungslyrik" ein. Damit ist jedoch nicht alles gesagt, denn auf Anregung seines Schulfreundes aus Gymnasialzeiten schrieb Gilm auch politische Lieder, wie die Zeitsonette aus dem Pustertal, die Tiroler Schützen- oder die Jesuitenlieder.

Heute ist, bis auf ein einziges Gedicht, von Gilm kaum mehr etwas bekannt. Nur Spezialisten wissen über sein Werk Bescheid. Sein Gedicht „Allerseelen" aber machte, wie man heute sagt, „Furore". Es wurde insgesamt 37-mal vertont, unter anderem auch von keinem Geringeren als Richard Strauss.

Wer kennt es nicht?

Stell auf den Tisch die duftenden Reseden,
die letzten bunten Astern trag herbei,
und laß uns wieder von der Liebe reden
wie einst, im Mai.

Wer aber am Ansitz „Ettnau" vorübergeht und sich die Tafel genau ansieht, wird andere Worte lesen, denn:

Du freies Wort, des Friedens Schwert,
heraus aus deiner Scheide,
und wie ein Blitzstrahl niederfährt
so leuchte deine Schneide!

Etwas kriegerisch für einen feinsinnigen Dichter, oder?

Abb. 12. Der Jurist und Dichter Hermann von Gilm.

Hermann von Gilm war Beamter, arbeitete an den Kreisämtern Schwaz, Bruneck und Rovereto und kam schließlich als Konzeptspraktikant an die Hofkanzlei nach Wien. 1856 wurde er Leiter des Präsidialbüros in Linz. Im Jahr 1861 heiratete er Marie Dürrnberger und wurde 1863 Vater eines Sohnes. Ein Jahr später, am 31. Mai 1864, starb Gilm, erst 52 Jahre alt, an Tuberkulose. Es war möglicherweise eine Infektion der an der gleichen Krankheit verstorbenen Mutter, die auch den Sohn erfaßte. Tuberkulose war die „Volkskrankheit" des 19. Jahrhunderts, die erst mit der Entdeckung des Tuberkelbazillus durch Robert Koch wirksam bekämpft werden konnte.

Die Gedichte, „Allerseelen" ausgenommen, sind heute fast vergessen. An den Dichter erinnert in Innsbruck die kurze Verbindungsstraße von der Erlerstraße zur Wilhelm-Greil-Straße, die nach ihm benannt wurde, sowie die Gilmschule, die in dieser Straße steht. An seinem Geburtshaus, dem „Obexerhaus", heute Buchhandlung Tyrolia, befand sich bis zur Neugestaltung der Fassade eine Büste des Dichters.

Wer übrigens mehr über ihn beziehungsweise sein Werk erfahren möchte, hat es nicht leicht. In Archiven und Bibliotheken aber wird man fündig, und es sei festgestellt, daß sich die Mühe des Suchens lohnt, Hermann von Gilm war wirklich ein Meister der Sprache und der lyrischen Empfindung!

Literarische Zirkel und Dichterklubs

Die alten Innsbrucker, wobei korrekt besehen, sie so alt an Jahren auch nicht gewesen sind, scheinen ein Faible für die Literatur gehabt zu haben. Vielleicht war es auch nur die Möglichkeit, dem heimischen Herd zu entfliehen, denn wenn sich der Vater des Hauses den schönen Künsten widmet, kann auch die eifersüchtigste Gattin beim besten Willen dagegen nichts einwenden.

Wo sich heute das Gasthaus „Burgtaverne" befindet, gab es das Weinhaus „Zur Grauen Katz". Ältere Innsbrucker erinnern sich daran. Die „Graue Katz" war kein gerade vornehmes Lokal, aber

Abb. 13. Bis ins Jahr 2002 trug die ehemalige „Graue Katz" in der Universitätsstraße den Namen „Burgtaverne".

gemütlich und ruhig, das Speisenangebot war gut, das Bier angenehm gekühlt und die Weine fachmännisch gelagert.

Das mögen allein schon Gründe genug gewesen sein, daß sich schöngeistig veranlagte Bürger anno 1878 entschlossen, in diesem Lokal die Dichtergesellschaft des „Nibelungenbundes" ins Leben zu rufen. Einmal wöchentlich trafen sich die Herren – von Damen ist keine Rede – zu Trunk und heiterer Rede, und irgendwann entstanden so aufbauende Verse wie:

Des deutschen Jünglings Busen glüht,
aus tausend Herzensadern sprüht
der Freundschaft Born, der Liebe Quell,
umrauscht auch uns're Brust so hell.
Drum schwören wir mit Herz und Mund
stets Treu' dem Nibelungenbund.

Dem Dichterklub war sichtlich der ganz große Erfolg nicht beschieden, er löste sich irgendwann in aller Stille auf. Wirklich bedauert haben dürfte diese Tatsache allerdings der Wirt der „Grauen Katz'", der mit dem Hingang des Poetenzirkels genußfreudige, zahlungskräftige Gäste verlor.

*

Alte Innsbrucker erinnern sich wehmütig daran. Wo sich heute an der Ecke Erlerstraße/Meranerstraße ein modernes Büro- und Geschäftshaus befindet, stand bis zur Bombennacht 1944 das legendäre „Café München". In diesem gastfreundlichen Kaffeehaus lagen Zeitungen aus nah und fern auf, am Nachmittag spielte Live-Musik, mit der bescheidenen Konsumation eines Mocca war es möglich, nicht nur alle vorhandenen Zeitungen zu lesen, sondern praktisch den ganzen Nachmittag dort zu verbringen. Man traf sich mit Freunden, verlegte Rendezvous ins „Café München", hielt geschäftliche Besprechungen dort ab, und wann immer wer das Café betrat, es waren stets Gäste im Lokal.

Es war im Jahr 1898, als sich feinsinnige Menschen in dieser gastlichen Stätte zusammenfanden, um den Literaturzirkel „Pan" zu gründen. Von großartigen Leistungen oder gar öffentlichen Auftritten des „Pan" hörte keiner was, auch dürfte kein namhafter Dichter aus dieser Runde hervorgegangen sein. Irgendwann, nach nicht allzu langer Zeit des Bestehens, löste sich „Pan" sang- und klanglos – oder sollte man besser sagen – wortlos auf. Das „Café München" aber wurde nach wie vor besucht, vermutlich auch von den einstigen Mitgliedern des bedauerlicherweise kurzlebigen Zirkels.

*

Auf der gegenüberliegenden Innseite, im Stadtteil St. Nikolaus, gibt es heute noch das Gasthaus „Eiche". Ein prachtvolles Portal, ein Werk des Steinmetz Nikolaus Thüring dem Jüngeren, ziert das Gebäude. Das Wirtshaus besitzt einen bezaubernd nostalgischen Gastgarten mit alten Bäumen, für Freunde solcher Anlagen ein Geheimtip!

Abb. 14. Das prächtige, vom Steinmetz Nikolaus Thüring d. J. geschaffene Portal des Gasthauses „Eiche" in St. Nikolaus.

Die kleinen Wirtshäuser waren in der Zeit vor dem Ersten Weltkrieg beliebte Treffpunkte von Studenten, aber auch von Gymnasiasten der höheren Jahrgänge. Für letztere war es natürlich verboten, einer „Verbindung" anzugehören, geschweige denn, eine zu gründen. Es ist nachgewiesen, daß sich in den Wirtshäusern von St. Nikolaus, dem „Sandwirt", dem „Engel" und auch der „Eiche", Studenten getroffen haben und das teilweise noch heute tun.

Der Schriftsteller Paul Busson schreibt in seinem Roman „Vitus Venloo", eine Kindheitsgeschichte, die im alten Innsbruck spielt, von einer solchen Verbindung. Es ging um die „Hercynia". Das Vorbild war der antike Herkules, der dieser Vereinigung den Namen gab.

Ziel der „Hercynia" war es, antike Sagen zu dramatisieren. Die angehenden Dramatiker, Schüler des Innsbrucker Gymnasiums, das sie respektlos „Schimpansium" nannten, trafen sich natürlich verbotenerweise. Das gab der Vereinigung ihren Reiz.

Streng waren die Regeln. Wenn irgendein Familienmitglied oder gar eine Lehrperson davon erfuhr, daß der hoffnungsvolle Jüngling ein „Hercyne" war, bedeutete diese Tatsache sofortigen Ausschluß aus dem Dichterbund. Es ist daher verständlich, daß die ganz großen Werke auf diese Weise nie entstehen konnten und eine hohe Fluktuation der Mitglieder ein gedeihliches Vereinsleben mit nachweislichen dichterischen Erfolgen schon im Keim erstickte.

Ob es die „Hercynia" in dieser Form wirklich gegeben hat, kann nicht präzise nachgewiesen werden. Daß fröhliche und durstige Studiosi die gemütlichen Räume in der „Eiche" für gesellige Treffen nützten, das stimmt!

Who was who?
Berühmte Leute auf vergessenen Denkmälern

FERDINAND GRAF BISSINGEN-NIPPENBURG

Kaum jemand achtet, wenn er in die Wiltener Basilika kommt, auf die links vom Haupteingang in die Wand eingelassene Grabtafel. Sie zeigt in einem Medaillon den markanten Römerkopf eines eleganten Herrn, und wer die Inschrift liest, erfährt, daß es sich um Ferdinand Graf Bissingen-Nippenburg handelt.

Abb. 15. Grabtafel des Ferdinand Graf Bissingen-Nippenburg in der Wiltener Basilika.

Wer war der adelige Herr?

Zur Welt kam er in Wilten im Jahr 1749, sein Geburtshaus war der spätere Gasthof „Oberrauch" am Wiltener Platzl, heute ein Privathaus mit Wohnungen und Geschäften. Die Familie ist „vorländischer Adel", wobei man mit „Vorlanden" unter anderem die Gegend von Freiburg im Breisgau bezeichnete. Herr von Bissingen war von 1797 bis 1803 Gouverneur von Tirol und wurde als solcher nach Venedig versetzt. Er kehrte als „Pensionär" wieder nach Wilten zurück und starb am 22. April 1831.

Als Gouverneur von Tirol war er auch mit den Napoleonischen Kriegen konfrontiert. Aus einer Notiz geht hervor, daß er in Hinblick auf die kriegerischen Anläufe der Franzosen an der Schweiz-Tiroler Grenze die Schützen der Gerichte Innsbruck und Hall zur Abwehr aufrief.

Herr von Bissingen war – den Chronisten zufolge – ein äußerst beliebter, überaus korrekter und gerechter Beamter. Sein Begräbnis gestaltete sich zu einer prunkvollen, feierlichen Kundgebung, und der Leichenzug, der durch die Wiltener Leopoldstraße zur Wiltener Pfarrkirche führte (damals noch nicht im Rang einer Basilika), wurde zu einem großen, gesellschaftlichen Ereignis.

Sein Sohn Kajetan Graf von Bissingen-Nippenburg, 1806 in Venedig geboren, folgte den Spuren des Vaters. Von 1849 bis 1855 war er Statthalter von Tirol. Er ließ unter anderem bei Pfunds im Oberen Gericht die heute noch nach ihm benannte „Kajetansbrücke" über den Inn errichten. Auch Graf Kajetan wurde nach seiner Tätigkeit als Statthalter von Tirol 1855 Statthalter von Venedig. Er starb 1860.

WILHELM FREIHERR VON EICHENDORFF

Bleiben wir noch in Wilten und sehen uns die an der südseitigen Fassade der Basilika befindlichen Grabtafeln an. Von Stockrosen fast zugewuchert, entdeckt man den Namen Wilhelm Freiherr von Eichendorff. Der Name läßt fast schon vergessene Literatur wach werden. Joseph von Eichendorff, „Aus dem Leben eines

Abb. 16. Die Grabstätte des Freiherrn von Eichendorf [sic!] im Friedhof bei der Wiltener Basilika.

Taugenichts", romantische Gedichte, Landschaftsschilderungen, tiefstes 19. Jahrhundert in seiner allererfreulichsten Form – das kennt man ja alles!

Natürlich, stimmt schon! Wilhelm war der Bruder des Dichters. Geboren am 24. September in Lubowitz bei Ratibor in Schlesien, zwei Jahre nach seinem Bruder Joseph.

Wilhelm studierte Jura und kam im Jahr 1814 als Jurist in die Tiroler Landesverwaltung. Er war in Trient, Lienz und Rovereto tätig und kehrte schließlich wieder nach Innsbruck zurück.

Herr von Eichendorff war ein gewissenhafter und korrekter Beamter. Doch er wurde Opfer einer bösen Intrige, und daß er in diese unangenehme Sache einfach hineinschlittern konnte, war eine Folge seiner Vertrauensseligkeit in die Leute.

Die Sache war die. Im Juli 1847 überbrachte das Opernpersonal des Trienter Theaters den Satz einer von Rossini komponierten Papsthymne mit der Bitte um Genehmigung zur Aufführung im Theater von Trient. Von Eichendorff sollte als zuständiger Zensor dazu sein Ja geben. Ihm wurde der musikalische Satz vorgelegt, und Herr von Eichendorff fand nichts dabei, diesen zu genehmigen. Den dazugehörigen Text hatte man dem gewissenhaften Beamten jedoch wohlweislich unterschlagen, denn es handelte sich um ein anti-österreichisches Kampflied. Es kam zur Aufführung, das Lied wurde gesungen, der Skandal war perfekt, er hatte Ausschreitungen, Überfälle und Polemiken gegen Österreich zur Folge.

Eichendorff, damals im Rang eines Kreishauptmanns, wurde nach Innsbruck versetzt, Landesgouverneur Clemens Graf Brandis machte ihn zum Chef seiner Präsidialkanzlei.

Eichendorff war zutiefst getroffen, selbst sein wohlmeinender Vorgesetzter vermochte nicht, ihn zu trösten, und auch die Tatsache, daß sich in Innsbruck kein Mensch um die Geschehnisse in Trient kümmerte, ja kaum jemand etwas davon wußte, half nichts. Eichendorff konnte es nie verwinden, daß man ihn als Verursacher eines Skandals „strafversetzt" hatte. Daß er im Grund das Opfer einer hinterhältigen Aktion und von den Theaterleuten nach allen Regeln der Intrigenkunst „hereingelegt" worden war, änderte nichts an seinem Seelenzustand.

Er starb am 7. Jänner 1849 in seiner kleinen Dienstwohnung in der Innsbrucker Hofburg. Die Grabtafel an der Wiltener Basilika erinnert an diesen unglücklichen Beamten, doch wer weiß heute noch über sein Leben Bescheid?

WILHELM BIENNER, DER „KANZLER VON TIROL"

Es gibt kein authentisches Bild von ihm, sein Geburtsdatum steht nicht präzise fest – trotzdem, er ist bis heute eine bekannte Persönlichkeit geblieben. In Innsbruck erinnert eine stille Straße im grünen Villensaggen an ihn. Und dennoch – kaum ein Innsbrucker weiß, daß Schloß Büchsenhausen, das die Zufahrt zur Weiherburg und zum Alpenzoo schmal macht, sein Wohnsitz war. Es gibt Literatur über ihn (Hermann Schmid, „Der Kanzler von Tirol", erschienen 1862) und ein Theaterstück, das Josef Wenter im Jahr 1925 verfaßt hat. Wenig genug, möchte man meinen. Trotz alledem, der Kanzler Bienner (das zweite „n" in seinem Namen wird gern unterschlagen) ist immer noch nicht vergessen.

Wie aber war die Wirklichkeit tatsächlich?

Wilhelm Bienner wurde um das Jahr 1590 im oberschwäbischen Lauheim geboren. Sein Vater war Beamter und gehörte dem Deutschen Orden an. Der Sohn studierte Rechtswissenschaften, erhielt 1610 das Doktordiplom, stand zuerst in Diensten des Bischofs von Freising und des Markgrafen von Bayern, bis ihn 1630 Kaiser Ferdinand II. an den Wiener Hof holte. Die berufliche Laufbahn führte den „Reichshofrat" wenige Monate später als Kanzler des Erzherzogs Leopold nach Tirol.

Erzherzog Leopold, sein Reiterstandbild am Leopoldsbrunnen am Rennweg erinnert an ihn, starb 1632. Die Regentschaft übernahm die Witwe, Claudia von Medici, deren treuester und zuverlässigster Ratgeber der überaus korrekte und von untadeligem Gerechtigkeitsgefühl geprägte Wilhelm Bienner war. Er galt als völlig unbestechlich, besaß neben allen guten Eigenschaften aber auch Untugenden. Er war zynisch und hatte das, was man heute ein „böses Mundwerk" nennt. Diese negativen Eigenschaften brachten ihm mehr Feinde ein, als notwendig gewesen wäre. Es wurde gegen ihn heftigst intrigiert, er wurde, wo es anging, boykottiert, nur wenige Leute mochten ihn wirklich und wußten seine positiven Charakterzüge richtig einzuschätzen. Eine davon war seine Chefin, Landesfürstin Claudia. Als sie im Jahr 1648 starb, wurde es für Bienner, wie man heute sagen würde, „eng". Claudias leichtsinniger und – wie die Chroniken beklagen – vergnügungssüchtiger Sohn Karl übernahm die Regierung. Der streng korrekte Bienner paßte nicht in die neue, lockere Hofgesellschaft, sein Sturz war eine Frage kurzer Zeit.

Bienner, inzwischen mit Elisabeth Hauenstein aus Freiburg verheiratet und Vater von sieben Kindern, lebte auf dem von ihm ausgebauten Schloß Büchsenhausen oberhalb von St. Nikolaus. Dort hatte er auch eine Bierbrauerei einrichten lassen.

Die Ereignisse spitzten sich zu, Bienner wurde seines Amtes enthoben. Während er sich in einer Sitzung befand, ließen die Gegner sein Haus durchwühlen und durchsuchen. Bienner flüchtete ins Stift Wilten und nahm das Asylrecht in Anspruch, das aber nicht lang hielt, weil es der ihm ebenfalls feindlich gesinnte Bischof von Brixen kurzerhand aufhob. Bienner wurde gefangengenommen und auf die Burg Rattenberg gebracht.

Abb. 17. Schloß Büchsenhausen in Innsbruck, Wohnsitz Wilhelm Bienners, des Kanzlers von Tirol.

Es folgte ein sich fast ein ganzes Jahr lang hinziehender Prozeß, den Historiker, wie etwa Josef Hirn, später als Farce bezeichneten. Es gab keinen Verteidiger, es gab keine Geschworenen, es gab eigentlich auch keine nachweislichen Vergehen, geschweige denn ein Verbrechen. Trotzdem, der Kanzler Tirols wurde zum Tod verurteilt und am 17. Juli 1651 im Schloßhof von Rattenberg enthauptet. Wilhelm Bienner war, das stellten die Historiker der Nachwelt eindeutig fest, Opfer eines Justizmordes geworden.

Keine Frage, daß sich um Bienner bald Legenden bildeten. Da wird von einem Boten berichtet, der mit einem Begnadigungsschreiben nach Rattenberg geschickt worden sei. Doch Bienner-Feinde hätten den Mann im Gasthof „Zapfler" an der Hallerstraße aufgehalten, und als man ihm endlich den Weiterweg erlaubt habe, sei der Kanzler bereits tot gewesen. Spätere Forschungen ergaben, daß die Geschichte möglicherweise nicht stimmt und ins Reich der Legenden gehört.

Gattin Elisabeth war begreiflicherweise vollkommen verzweifelt. Sie verfiel aus lauter Kummer und Schmerz dem Wahnsinn und nahm sich das Leben. Eine Gedenktafel an der Südseite der alten Höttinger Kirche erinnert an sie. Elisabeth Bienner soll am alten Höttinger Friedhof beerdigt worden sein.

Selbstmord galt als eine Todsünde. Wer eine solche beging, wurde vom Himmel bestraft, und so entstand die Legende von der unglücklichen Elisabeth Bienner, die als „Biennerweibele" herumgeistern müsse. Auch ihr Gatte, der Kanzler, soll – den Legenden nach – nicht zur Ruhe gekommen sein. Vornehmlich in Notzeiten und bei bedrohlichen Gefahren für die Stadt Innsbruck habe man den Geist des Kanzlers gesichtet. In der Hofgasse, wo sich einst die Kanzleien befanden, die Bienner unterstanden, sei er zutiefst niedergeschlagen herumgegangen, in schwarze Gewänder gekleidet, mit schmerzvoller Trauer im Gesicht. Eine an sich resolute Dame, sie war Kanzleivorsteherin einer angesehenen Innsbrucker Versicherungsgesellschaft, behauptete, den Kanzler zwei Tage vor dem ersten Bombenangriff auf Innsbruck – er erfolgte am 15. Dezember 1943 – in der Hofgasse gesehen zu haben. Mit erloschener Stimme habe er verkündet, der Stadt Innsbruck stehe Schlimmes bevor, sie werde in Schutt und Asche versinken.

Wie immer, ob es tatsächlich der Geist des Kanzlers war oder die Phantasie der Kanzleivorsteherin, das traurige Ereignis trat ein.

Kanzler Bienner ist bis heute nicht völlig vergessen. Die Schloßspiele in Rattenberg führten das Wenter-Stück selbstverständlich auf, es wurde am Tiroler Landestheater gespielt, und es ist wohl das traurige Schicksal des unglücklichen Kanzlers, das die Menschen heute noch zu bewegen vermag.

ANTON MÜLLER – ALIAS „BRUDER WILLRAM"

Wer am Innsbrucker Westfriedhof die nordseitige Arkadenreihe durchgeht, stößt wenige Schritte vor dem Durchgang zur Einsegnungshalle auf eine Bronzebüste eines gutgenährten Herrn, der mit ernster Miene auf den Besucher blickt. Unterhalb der Büste ist die Inschrift zu lesen: „Hier ruht Prälat Anton Müller,

Abb. 18. Büste des als Bruder Willram bekannten Prälaten Anton Müller am Innsbrucker Westfriedhof.

Brd. Willram, der Dichter Tirols". Des Platzes wegen ging es sich nicht aus, den Bruder ganz auszuschreiben. Wer aber war dieser Herr?

Geboren wurde er als Sohn eines Zimmermeisters am 10. März 1870 in Bruneck im Pustertal. Dem heranwachsenden Buben wurde nicht nur eine hohe Intelligenz, sondern auch ein besonderes Gefühl für die Sprache bescheinigt, das Kind sollte studieren. Müller besuchte das Gymnasium in Brixen und studierte dann Theologie, wurde 1892 zum Priester geweiht und wirkte bis 1895 als Kooperator in Niederndorf im Pustertal. Schon als Student begann er zu dichten, er trat dem literarischen Kreis „Netheborn" bei und wählte den Dichternamen „Bruder Willram" – in Verehrung seines Vorbildes, eines mittelalterlichen Mönchs dieses Namens, der das Alte Testament ins Deutsche übersetzt haben soll. Schon im Jahr 1895 erschien Bruder Willrams erster Gedichtband unter dem Titel „Kiesel und Kristall". Es folgten Wanderlieder und Heimatweisen.

Ein Studienaufenthalt als Kaplan der „Anima" in Rom brachte neue Impulse auch hinsichtlich der Dichtkunst. Als Müller beziehungsweise Bruder Willram 1901 nach Innsbruck zurückkehrte, wirkte er als Kooperator in St. Nikolaus und St. Jakob und unterrichtete ab 1903 als Religionsprofessor an der Lehrerbildungsanstalt. Er galt als überaus sozialer, verständnisvoller Mann, er vermittelte armen Studenten „Kostplätze", und im nahegelegenen Hotel „Neue Post" saßen täglich sechs bis acht hungrige Studiosi am Tisch, die der Hotelier Ludwig Lehner gratis verköstigte.

Bruder Willram war bekannt als wortgewaltiger Prediger, und gewaltig waren auch seine patriotischen Gedichte, die sich mit Vaterlandsliebe, Treue und Heldenmut beschäftigten, wobei er sich markiger Worte bediente und vor heute etwas seltsam klingenden Feststellungen wie etwa „Tiroler siegen im Kampfe, denn sie wurden mit Firnenmilch ernährt. Die Feinde konnten solche Vorzüge nicht beanspruchen, folglich mußten sie unweigerlich verlieren" nicht haltmachte. Er schreckte vor „blitzenden Schwertern" nicht zurück, und Blut floß in seinen Dichtungen ununterbrochen – etwas eigenartig für einen Priester, möchte man glauben.

Wenn es irgendwelche Ereignisse größeren Zuschnitts gab, dichtete Bruder Willram. Ob es 1916 der Tod Kaiser Franz Josephs war, der den damals 46-jährigen Müller erschütterte, oder die Inbetriebnahme der Seilbahn auf die Innsbrucker Nordkette, Bruder Willram dichtete. Heute empfindet man diese „Zwecklyrik" als schauderhaften Kitsch, und es wird wahrscheinlich schon damals Leute gegeben haben, die solches ebenfalls nicht sehr gut fanden.

Einfühlsam, romantisch hingegen sind seine Landschaftsschilderungen, die heute noch gefallen würden, vorausgesetzt natürlich, man kennt sie. Die zahlreichen Gedichtbände sind längst vergriffen und mit Glück nur mehr in Antiquariaten zu entdecken.

Was erinnert heute noch an ihn? Da gab es mit dem „Bruder Willram-Bund" die „Jungtirolerhilfe" und den „Jungtirolertisch", der mittellosen Studenten Unterstützung brachte. Daß damit auch Politik, besonders in Zusammenhang mit dem 1918 zu Italien geschlagenen Südtirol ins Spiel kam, ist heute nur mehr älteren Leuten bekannt.

An den Prälaten aus dem Pustertal erinnert im Stadtteil Pradl eine kleine, nach ihm benannte Straße, an ihn erinnert die vom

Künstler Virgil Rainer geschaffene Bronzebüste am Westfriedhof. Wer in die Innsbrucker Hofkirche kommt und die Inschrift der Gedenktafel an die Freiheitskriege liest – sie befindet sich links vom Hauptportal – stellt fest, daß auch diese dramatischen Verse von ihm stammen.

*

Manche Leute finden, über Bruder Willrams Dichtungen könne man nur den Kopf schütteln, sie seien Kitsch und literarischer Mist. Das ist Ansichtssache, doch man sollte gerechterweise auch die Zeiten berücksichtigen, in denen sie entstanden sind. Damals durfte man bedenkenlos in Sentiments schwelgen, Gefühle durften offen gezeigt werden, damals legte man sie noch nicht unter Verputz, wie das heute der Fall ist.

KARL EMERICH HIRT

Ältere Innsbrucker und solche, die in geschäftlicher Verbindung mit der Creditanstalt oder der Oesterreichischen Nationalbank standen, erinnern sich vielleicht noch an ihn. Der hochgewachsene, elegante Herr mit wallendem weißem Haar und weißem, auffälligem Hut war bis in die Jahre nach dem Zweiten Weltkrieg eine bekannte Innsbrucker Erscheinung.

Karl Emerich Hirt, geboren am 19. Dezember 1866 im schlesischen Troppau, war nicht nur angesehener Banker, sondern auch Dichter, wobei ihm die Position eines Dichters zeitweilig wichtiger schien als die merkantilen Geschäfte in der Bank.

Es geht die Rede, er habe sich als wiedererstandener Gerhart Hauptmann gefühlt, Assoziationen mit Goethe seien auch nicht völlig von der Hand zu weisen gewesen. Geführt hat der musisch inspirierte Bankdirektor eine gewaltige Sprache – eine gewissermaßen patriotisch heldenhafte, wie sein „Bekenntnis eines Deutschen", betitelt „Der Heereszug Gottes", beweist (bereits anno 1915 im Verlag der Wagnerschen k. u. k. Universitäts-Buchhandlung in dritter Auflage erschienen). Im „Heereszug Gottes" geht es um ein verlorenes Paradies, um Helden, Seher und Führer, um neues Ringen, Buße und Reue, um Hoffen und Erfüllung. Dichter Hirt benötigt dafür viele Ausrufungszeichen, Bindestriche und weitere sprachliche Hilfsmittel. Die Sprache ist hehr und pathetisch, der Sinn mitunter mysteriös und dunklen Hintergrunds. Doch er meinte es ernst, und er hatte sich die Arbeit ganz bestimmt nicht leicht gemacht. Ihn als patriotischen Polterer abzutun, wäre genauso falsch wie die Bezeichnungen „Säusler" und „Jongleur großer Worte". Heute kennt ihn keiner mehr, ausgenommen pensionierte Bankangestellte, die sich daran erinnern, daß sie der Chef nach Dienstschluß zu Dichterlesungen seiner Werke vergatterte, wobei festliche Kleidung, für Damen möglichst langes Abendkleid, erwünscht war.

Er wohnte im kleinen Schlößchen „Felsegg" bei Mentlberg. Ein später führender Mitarbeiter der Tiroler Tageszeitung, Direktor Ager, erzählte gern von seiner ersten und einzigen Begegnung mit dem Dichter. Als junger Student sah er, wie sich Hirt am Innsbrucker Bahnhof mit einem gewaltigen Koffer abmühte, trat hinzu und bot seine Dienste an. Ein kleines Trinkgeld wäre dem Studiosus willkommen gewesen. Der hochgewachsene Hirt schritt munter voran in Richtung Westen, der Student schleppte schwer an diesem Gepäckstück, und als man endlich, endlich in Felsegg bei Mentlberg ankam, ergriff Hirt die Hand des jungen Mannes, schüttelte sie kräftig, blickte ihm ins Auge und meinte: „Junger Mann, Sie haben heute das große Erlebnis gehabt, einem deutschen Dichter die Hand drücken zu dürfen!" Das war's auch schon.

Karl Emerich Hirt wurde – Schicksal mancher großer Geister – von seiner Umgebung nicht ganz ernst genommen. Die Innsbrucker, die für einen zielführenden Mutterwitz bekannt sind, nannten ihn „Karl Jämmerlich", und die Tatsache, daß er Vater einer stattlichen Anzahl von Töchtern, jedoch nicht eines Sohnes war, tat ein übriges dazu. Herrn Hirt hat das wahrscheinlich wenig bekümmert. Er war ein rühriger Verfasser verschiedenster Essays, Novellen, Feuilletons, dramatische Dichtungen und solche mit vaterländischem Inhalt gehörten dazu. Er stellte stets höchste moralische Ansprüche und war im Grund trotz seines literarischen

Pathos zweifelsfrei ein grundanständiger, überkorrekter Mensch, dem das Gute, Schöne, Edle und Hehre am Herzen lagen.

Er starb im Jahr 1962 im 96. Lebensjahr. Die Literaturvereinigung „Turmbund", die über alle tirolischen Dichter und Schriftsteller gewissenhaft Buch führt, tat das selbstverständlich auch für ihr Ehrenmitglied Karl Emerich Hirt. Doch wie immer, der vom Tod des hochbetagten Dichters sichtlich zutiefst betroffene Chronist hielt das Todesjahr 1962 in den Annalen der Vereinigung fest, fügte an, daß es ein Donnerstagnachmittag gewesen sei, an dem der große Mann diese Erde verlassen hatte, nicht aber, welcher Donnerstag an welchem Kalendertag das war. So eben kann es Dichtern ergehen.

PAUL VON WEINHART

An ihn erinnert die Weinhartstraße, die die Dreiheiligenstraße mit der Museumstraße verbindet. Zwei bedeutende Bauwerke, die Dreiheiligenkirche und das Palais Ferrari, stehen am Beginn dieser Straße, an ihrem Ende steht mit dem Haus Weinhartstraße Nr. 2 das ehemalige städtische Lazaretthaus, später k. u. k. Militärspital, heute Wohnhaus.

An ihn erinnert eine kleine Gedenktafel an der rechten Seite des erweiterten Klara-Pölt-Wegs, der von der Dreiheiligenstraße in Richtung Ing.-Etzel-Straße führt. An ihn erinnert auch die Dreiheiligenkirche, die zum Dank für das Erlöschen der Pest errichtet wurde.

Damit gleich zu Herrn von Weinhart.

Er wurde im September 1570 in Augsburg geboren und starb am 21. Februar 1648 in Innsbruck. Weinhart studierte Medizin, soweit das damals möglich war. Als Leibarzt des Markgrafen Karl von Burgau kam er im Jahr 1600 nach Innsbruck. Er heiratete Anna Juliana Hildprant. Weinhart war ein überaus gläubiger Mann, war Mitglied der Bürgerkongregation, ein vehementer Kämpfer für religiöse Erneuerung, doch das war es nicht, was ihn so berühmt machte.

Abb. 19. Das erfüllte Gelöbnis. Nachdem die Pest in Innsbruck gewütet hatte, errichteten die Bürger die Dreiheiligenkirche. Das Mosaik an der Fassade zeigt vier Nothelfer, die hhl. Rochus, Sebastian, Pirmin und Alexius.

Er war ein für seine Zeit nicht nur überaus gebildeter, sondern auch begnadeter Mediziner mit erstaunlich modernen Erkenntnissen. Er war Innsbrucks engagiertester Pestarzt. Im 17. Jahrhundert war auch Innsbruck vom „Schwarzen Tod", wie man die Pest nannte, heimgesucht worden. Weinhart erkannte, daß es sich um eine äußerst ansteckende Krankheit handelte, er isolierte und desinfizierte – Maßnahmen, die man nur teilweise einsah. Er war, wie man heute sagt, „an vorderster Front", stets „vor Ort", ungeachtet jeder Ansteckungsgefahr, er half rund um die Uhr und blieb selbst von der Krankheit verschont, während seine Frau Opfer der Seuche wurde. Als die Seuche endlich erlosch, gelobten die Innsbrucker, allen voran Dr. Weinhart, zum Dank eine Kirche zu errichten. Mit der Dreiheiligenkirche, sie wurde 1612/1613 erbaut, wurde das Gelöbnis erfüllt.

HERR WALTHER VON DER VOGELWEIDE

"Wer dies vergäss – der tät mir leide" heißt es, und es würden heute vermutlich viele Menschen sein, die einem leid tun könnten, denn Walther von der Vogelweide ist heute weithin vergessen.

Die kleine Grünanlage hinter der Innbrücke, der "Waltherpark", trägt seinen Namen. Der Park wurde 1875 angelegt, eine letzte, umfassende Renovierung fand 1922 statt, was nicht heißt, daß die Stadtgartenverwaltung nicht immer und alljährlich regelmäßig die Anlage betreut, pflegt und um ein halbwegs ordentliches Aussehen bemüht ist. Was angesichts des Parks keine leichte Aufgabe ist!

Mag der kleine Park auch nicht sonderlich groß und hinsichtlich der Bepflanzung auch nicht eben eine botanische Rarität sein, für Schlagzeilen ist er allemal gut. Als vor etlichen Jahren darüber diskutiert wurde, ob man mit einer leistungsfähigen Seilbahn das Hungerburg-Plateau mit der Stadt verbinden sollte, verteidigten die Innsbrucker Bürger im allgemeinen und die Bewohner des linken Innufers, sprich die St. Nikolauser, im besonderen vehement den Waltherpark. Es hätte die Talstation dieser Bahn am Park errichtet werden sollen.

Seinen Namen bekam der Park vom Minnesänger Walther von der Vogelweide. Eine Statue, das Werk des Bildhauers Nigg, entstand in den Jahren 1866/67 und war, als der Park seiner Bestimmung übergeben wurde, das Glanzstück der Anlage. Inzwischen ist sie von viel üppigem Grün verdeckt, Fotografen beklagen das schlechte Licht, das eine scharfe Abbildung des Denkmals verhindert.

Wer aber war Herr Walther?

Er übte den – zumindest des Einkommens wegen – etwas unsicheren Beruf eines Minnesängers aus. Geboren ist er, genau weiß man es nicht, um das Jahr 1170, gestorben, auch das steht nicht einwandfrei fest, um 1230. Beerdigt wurde die sterbliche Hülle des fahrenden Sängers im Kreuzgang des Neumünsters in Würzburg, im sogenannten "Lusamgärtlein". Selbst das steht nicht hundertprozentig fest, doch hält der überkorrekte Chronist Eduard Wid-

Abb. 20. Herr Walther von der Vogelweide. Denkmal im Innsbrucker Waltherpark.

moser in seinem Werk „Tirol von A bis Z" fest, daß man mit hoher Wahrscheinlichkeit annehmen dürfe, daß wenigstens dieser Hinweis richtig sei.

Herr Walther war der größte, begabteste Lyriker seiner Zeit. Von ihm sind bis heute über 30 Textzeugnisse erhalten, die in der „Kleinen Heidelberger Handschrift" und in der „Manessischen Handschrift" festgehalten sind. In den Liedern ist viel Persönliches zu spüren. Herr Walther beklagt den langen und kalten Winter, seine finanzielle Lage, die nie gut war, auch sein Herzenswunsch nach einem kleinen „Lehen", auf das er sich zurückziehen könnte, ist festgehalten. Wie gut muß seine Leistung als Minnesänger gewesen sein, daß man sich heute noch an ihn erinnert!

Es gibt wenige Zeugnisse über ihn. So entdeckten Walther-Forscher in den Abrechnungsbüchern des Bischofs von Passau (1191–

1204), daß Walther von der Vogelweide den Empfang eines Geldbetrags bestätigte, den der Bischof dem frierenden Sänger zum Ankauf eines wärmenden Pelzrocks gegeben hatte.

Eigentlich ist, wenn man es genau nimmt, bis auf die erhaltenen Lieder und Texte alles, was mit Herrn Walther im Zusammenhang steht, unklar. Auch sein Geburtsort. Tiroler behaupten, er sei am Vogelweidhof im Südtiroler Layen zur Welt gekommen. Doch auch andere Orte glauben, dort und nur dort, hätte er das Licht der Welt erblickt. Wie auch immer – erhalten geblieben ist sein Werk, zumindest ein Teil davon. Der aber berührt heute noch, wie seine Betrachtungen über die Welt an sich und wie man in ihr zu leben hätte. „Ich saz ûf eime steine und dahte bein mit beine, dar ûf satzt ich den ellenbogen, ich hete in mine hant gesmogen daz

Abb. 21 Josef Pöll.

kinne und ein min wange. dô dâhte ich mir vil ange, wie man zer werlte solte leben …"

An den Minnesänger erinnert heute noch in Innsbruck der bereits erwähnte Waltherpark, aber auch die Vogelweiderstraße im Stadtteil Hötting.

JOSEF PÖLL UND SEINE LIEDER

Die nach ihm benannte Straße in Pradl ist nicht sehr lang, und bedeutend ist sie auch nicht. Der Mann, den man damit geehrt hat, ist inzwischen fast vergessen. Aber wer immer irgendwo das Lied „Mei Hoamatl hab' i im Zillertal drin" hört, lauscht nicht, wie fälschlicherweise geglaubt, einem Volkslied, sondern einem, das Josef Pöll geschrieben hat. Ältere Innsbrucker erinnern sich vielleicht noch an den liebenswürdigen Herrn mit markanter Glatze und mit nicht weniger markantem Vollbart, den man in der Umgebung der Stadt zu allen Jahreszeiten antreffen konnte.

Wer musikalisch informiert ist, kennt Pöll als Chorleiter der Sängervereinigung „Wolkensteiner". Wer literarisch informiert ist, kennt seine heimatkundlichen und naturkundlichen Aufsätze, die im Band „Stimmen der Heimat", 1940 in Innsbruck erschienen, zusammengefaßt sind. Übrigens im Todesjahr des Verfassers.

Josef Pöll kam am 8. März 1874 in Heiligkreuz bei Hall zur Welt. Er wurde von seiner musikalischen Mutter, einer gebürtigen Zillertalerin, in früher Jugend geprägt; Musik, Gesang waren im Hause Pöll daheim. Er wurde Lehrer, „Aus innerer Berufung", wie sein Chronist Karl Paulin schreibt. Er war, wie das damals üblich war, als „Junglehrer" erst am Land, im Unterinntal, in Vorarlberg eingesetzt, später in Innsbruck an einer Schule in Hötting, bis er Professor an der Lehrerbildungsanstalt in der Innsbrucker Fallmerayerstraße wurde.

Seine große Liebe galt zu gleichen Teilen der Natur und der Musik. Die Landschaft rund um Innsbruck, Blumen, Bäume, Besonderheiten welcher Art immer begeisterten den Professor. Seine

Beobachtungen hielt er in gern gelesenen Aufsätzen fest, sie erschienen in den „Innsbrucker Nachrichten", den „Tiroler Heimatblättern", Kalendern wie dem „Alpenheimat-Kalender" oder dem „Bergland Kalender", es gab Artikel in Kurzeitungen und Festschriften. Sie fanden viele Leser, waren wissenschaftlich fundiert, liebenswürdig geschrieben, und sie trafen die Gefühle der Leser.

Daneben war die zweite große Passion die Musik. Unter dem Titel „Lieder zur Laute" kam ein Bändchen von Liedern im Volkston heraus. Etliche von ihnen sind inzwischen, wie das „Hoamatl im Zillertal", das „Kasermandl", der „Kloatzenbeck-Ander", „Der Warme Wind", „Der Tatzlwurm" oder „I und mei Dianei" zu Volksliedern geworden – eigentlich das Beste, was sich ein Liederkomponist wünschen kann.

Bekannt gemacht haben diese Lieder die „Wolkensteiner". Der Chor, die Herren trugen braune Samtsakkos im Trachtenstil, war bekannt und beliebt, die Konzerte waren Tage zuvor bis zum letzten Platz ausverkauft, und wenn der Chorleiter, der bärtige Pro-

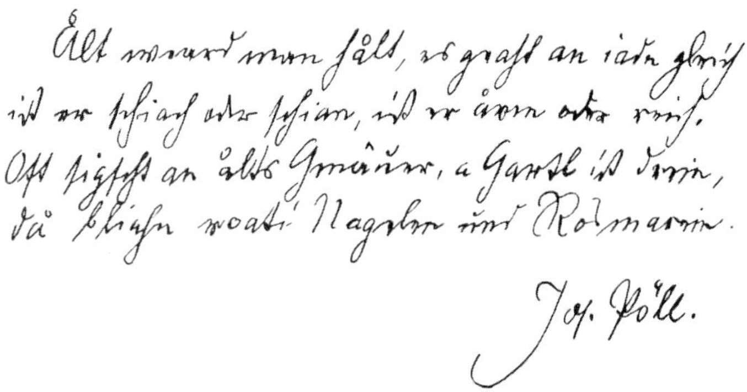

Abb. 22. Handschrift von Josef Pöll.

fessor, die Hand zum Einsatz hob, freuten sich alle im Saal auf einen genußreichen Abend.

Die Sängervereinigung Mühlau hat das Erbe der Wolkensteiner angetreten, und heute wie damals hört man mit Freude die Lieder des Josef Pöll.

Für sein Lebenswerk, die naturkundlichen und heimatkundlichen Forschungen, für seine zahlreichen Veröffentlichungen und sein musikalisches Schaffen, wurde Josef Pöll mit dem Ehrenring der Stadt Innsbruck ausgezeichnet.

Er starb am 21. Juni 1940 in Hall.

FRANZ THURNER – VERSUNKEN UND VERGESSEN

Wer über die Innbrücke geht und in den „Waltherpark" einbiegt, schaut vielleicht einmal ganz kurz auf ein eindrucksvolles Denkmal. Auf einem hohen, polierten Porphyrsockel steht eine Bronzebüste. Die Inschrift am Sockel, dereinst in goldenen Lettern gehalten, ist heute kaum mehr zu entziffern.

Überhaupt – sehr nett geht die Stadt mit den Denkmälern einstiger Persönlichkeiten nicht um. Franz Thurners Büste ist von Vogelkot und anderem Schmutz verunreinigt, die Schrift ist ausgebleicht und unleserlich geworden.

Niemand weiß heute, wen dieses Denkmahl ehrt und wer Herr Thurner eigentlich war. Geboren ist er 1828. Er war ein kämpferi-

Abb. 23 Des Innsbrucker Turnvaters Thurner Denkmal im Waltherpark.

scher Patriot, nahm als Landesverteidiger anno 1848, 1850 und 1866 an kriegerischen Einsätzen teil. Das aber war es nicht, weswegen er dieses Denkmal gesetzt bekam. Thurner war Gründer der freiwilligen Feuerwehr in Innsbruck und – nomen est omen – ein engagierter Förderer des Innsbrucker Turnwesens. Das man allerdings schon damals ohne das „h" schrieb, wie es im Namen von Thurner noch vorkommt.

Kenner der Turnerszene wissen um das aus vier gegeneinander gestellten „F" gebildete Zeichen, denn es steht für „frisch-fromm-fröhlich-frei", vier Tugenden, die das Wesen eines echten Turners prägen sollten. Wer sehr genau hinsieht, kann Reste davon noch erkennen.

JOSEF WENTER

Am Wiltener Friedhof, dem alten Teil, gibt es – nördlich von der Basilika – wenige Meter vor dem großen Kruzifix ein schlichtes Grab mit Schmiedeeisenkreuz. Josef Wenter, steht darauf, geboren in Meran am 11. August 1880, gestorben in Innsbruck am 5. Juli 1947.

Josef Wenter! Da erinnern sich Literaturfreunde an Bücher wie „Laikan, der Lachs" oder „Monsieur Kuckuck", an Tiergeschichten wie den Roman eines Wildpferdes, lauter Bücher, die nicht nur jugendliche Leser begeisterten. Sie alle stammen aus der Feder des Meraners Josef Wenter. Doch damit ist sein Werk noch längst nicht abgeschlossen.

Wenters Leben als Sohn einer angesehenen Meraner Familie – die Wenter waren seit 1790 Postmeister zu Meran und führten den Postgasthof – war das eines Sohnes aus gutem Haus. Er besuchte das Gymnasium in Meran, war nach der Matura 1898 Einjährig-Freiwilliger bei den Kaiserjägern in Innsbruck. Danach studierte er Musik, bildete sich nach abgeschlossener Ausbildung bei Max Reger in München weiter, doch eine sich bereits frühzeitig bemerkbar machende Rheuma-Erkrankung verhinderte die Musiker-Karriere. Im Ersten Weltkrieg stand er mit den Kaiserjägern

Abb. 24. Josef Wenters Grab am Friedhof bei der Basilika Wilten.

an der Front, währenddessen seine beiden kleinen Söhne in Meran starben. Mit schwerem Gelenksrheumatismus kehrte Wenter aus dem Krieg nach Hause zurück. Seine Ehe zerbrach und wurde geschieden. Beruflich zog es ihn nicht mehr zur Musik, sondern zu Literatur und Dramatik.

Südtirol wurde 1918 italienisch, Wenters Elternhaus, das Hotel Post, mußte verkauft werden, der Erlös ging durch die Inflation verloren. Wenter heiratete ein zweites Mal, zog mit seiner Frau zuerst nach Klagenfurt, später nach Innsbruck. In den Jahren 1924/25 entstand in der Lindwurmstadt das Bühnenstück „Der Kanzler von Tirol", die Lebenstragödie des Kanzlers Bienner. Der Roman von Hermann Schmid hatte dafür als Vorbild gedient. Den Eheleuten ging es wirtschaftlich schlecht, sie kämpften mit echter Armut. Erste Erfolge, die Wenter mit seinen Tier-Romanen erzielte, konnten die Not nur teilweise lindern. Zu diesem Zeitpunkt war auch die zweite Ehe nicht mehr zu retten.

1934 schaffte Wenter im deutschen Wiesbaden mit der Uraufführung seines Bühnenstücks endlich den Durchbruch, die wirtschaftliche Misere hatte damit ein Ende. Im selben Jahr wurde „Der Kanzler" am Wiener Burgtheater herausgebracht und stand dort acht Jahre auf dem Spielplan. Es folgten weitere Bühnenstücke, unter anderem „Die schöne Welserin", die Geschichte von Philippine Welser, dann „Heinrich IV.", „Elisabeth, Landgräfin von Thüringen" und weitere Einakter sowie Libretti zu Lustspielen und mehr. 1933 heiratete Wenter ein drittes Mal und übersiedelte nach Baden bei Wien. Er wurde mit dem Grillparzerpreis ausgezeichnet, und er erhielt den Mozartpreis. 1941 ehrte ihn die Stadt Düsseldorf mit dem „Immermannpreis". Wenter, dessen Gesundheitszustand sich zusehends verschlechterte, erlebte 1944 die Aufführung seines Bühnenstücks „Kaiserin Maria Theresia" am Burgtheater. Er lebte zu diesem Zeitpunkt in Rattenberg.

Bis kurz vor seinem Tod arbeitete er an dem Bühnenwerk „Saul", das allerdings erst 1956 am Tiroler Landestheater zur Aufführung kam.

1945 verschlechterte sich sein Gesundheitszustand drastisch. In der Innsbrucker Klinik mußte ihm ein Bein amputiert werden. Sein sehnlichster Wunsch, noch einmal nach Meran zurückzukehren, erfüllte sich nicht mehr. Wenter starb 1947 in Innsbruck.

Mit den Kindheitserinnerungen „Leise, leise, liebe Quelle" setzte Josef Wenter seiner Heimatstadt Meran, seiner Familie und sich selbst ein liebenswertes, literarisches Denkmal. Das Buch schildert das Leben im alten Meran, voller Poesie schwelgt der Autor in Reminiszenzen, er schreibt von Blütenpracht und Sommer, von unbeschwerten Tagen, die im Zurückdenken noch schöner sind – weil Blicke in die Vergangenheit immer verklärend sind.

Es ist schade, daß Josef Wenter heute nahezu vergessen ist, daß seine Bühnenstücke nicht mehr aufgeführt werden. Daß es in Meran zum Gedenken an ihn eine „Josef-Wenter-Schule" gibt, wirft für die dortigen Schüler Rätsel auf, weil der Mann, nach dem ihre Schule benannt wurde, für sie ein vollkommen Unbekannter ist.

Essen – Trinken – Baden

ÜBER DEN WEINBAU IN HÖTTING

Alte Innsbrucker wissen das – im Stadtteil Hötting wurde früher Wein angebaut. Höttinger Namen wie „Sauerwein, Saurwein, Speibenwein, aber auch Lobenwein" erlauben Rückschlüsse auf die Qualität des Weines.

Heute noch kann man Rebstöcke, teilweise beachtlich große, entdecken – wie jenen in der oberen Bäckerbühelgasse. Das „Weinbergschlössl", wie man den um 1896 erbauten Ansitz neben der alten Höttinger Kirche nannte, erinnert daran, daß sich dort einmal ein Weinberg befunden hat. Gebaut hat das im Südtiroler Landhausstil errichtete Anwesen der Innsbrucker Buchhändler Kiene, der es „Kieneschlössl" nannte. Der Name hat sich bei den Höttingern allerdings nie so recht durchgesetzt, für sie war es das „Weinbergschlössl" und fertig.

Aus der Innsbrucker Chronik geht hervor, daß Friedel, der mit der leeren Tasche, im Jahr 1423 östlich von der Höttinger Kirche drei Joch Grund erworben hatte, um dort einen Weinberg

Abb. 25. Wein über den Dächern der Stadt – wie hier in St. Nikolaus.

anzulegen. Aus dem Jahr 1435 stammt eine Notiz, derzufolge eine größere Menge von „Setzreben" angekauft worden sei. Wie gut sie gediehen, wie gut der Wein war und ob er Herzog Friedel auch geschmeckt hat, ist nicht überliefert.

Erst Kaiser Maximilian – wie man weiß, auch kein Kostverächter – entschied im Jahr 1506: „Unser Weingarten in Hötting soll zu unserer Lust behalten werden." Kaiser Max war zweifelsohne kein Weinkenner, denn Jahre später, anno 1536, notierte der Hofschenk: „Den Höttinger Wein soll man mit anderen Wein mischen, dann könnte draus vielleicht ein guter Essig werden!" – Nicht eben ein Kompliment für den echten „Höttinger"!

Es scheint überhaupt nicht viel los gewesen zu sein, was die Qualität angeht, denn aus 1552 stammt die Feststellung: „Die Reben sind schwach!" Möglicherweise aber hat sich das im Lauf der Zeit gebessert oder haben die Höttinger Winzer dazugelernt, denn eine spätere Feststellung in der Innsbrucker Chronik aus dem Jahr 1812 behauptet, der Jahrgang 1811 sei fast so gut wie Wein, der aus Etschländertrauben gekeltert wurde.

Erzherzog Johann, der Mann, der sich um so ziemlich alles gekümmert hat, ließ im Jahr 1858 ausgesuchte Reben aus dem Etschgebiet nach Hötting liefern und half damit dem Weinbau wieder etwas nach.

Wer heute durch Hötting spaziert, vielleicht Gelegenheit hat, in einen der prachtvollen Gärten zu blicken, kann sich gut vorstellen, daß man es auch mit dem Wein-Anbau versucht hat. Es gibt heute noch, wie schon erwähnt, Weinstöcke, ob die Trauben aber tatsächlich erst einmal ausreifen und zweitens dann auch noch so qualitätvoll sind, daß es sich lohnt zu keltern, ist die Frage.

KAISER MAXIMILIAN UND DAS „VENUSBAD" IN HÖTTING

Wieder einmal werden die „älteren" Innsbrucker bemüht, denn sie können sich bestimmt auch daran erinnern, als es noch möglich war, im „Venusbad" tatsächlich auch zu baden; es befand sich am Ende der Höttinger Riedgasse. Nach dem Zweiten

Abb. 26. Das letzte „Badejahr" im Venusbad war 1957, dann wurde das Volksbad geschlossen. Heute erinnert eine Gedenktafel an Badefreuden der Innsbrucker.

Weltkrieg, als es in Innsbruck mit dem Wasser im allgemeinen und den Bädern im besonderen große Probleme gab, floß die Quelle im Venusbad nach wie vor und füllte die holzverkleideten Badewannen, die in richtigen „Badestuben" standen.

Heute wird dort nicht mehr gebadet, und das heilkräftige Wasser wird vermutlich nur mehr von den Hausbesitzern genützt.

Das Bad hat eine lange Tradition, bekannt gemacht hat es kein Geringerer als eben Kaiser Maximilian, jener lebenslustige Monarch, dem es sehr am Herzen lag, auch in späteren Zeiten „im Gedächtnus der Menschen" zu bleiben. Das ist ihm absolut gelungen!

Doch zurück zum Bad.

Die Legende berichtet von einem angeschossenen Hirschen, der in den lindernden Wässern der Quelle – weitum gab es weder Haus noch Straße, sondern dichten, schönen Wald – Linderung gesucht und gefunden habe.

Aus dem Jahr 1450 stammt ein Hinweis, demzufolge ein Hans Venus Inhaber der Quelle bzw. des damals bereits entstandenen Bades war. Also keine Assoziationen mit sündigem „Venusberg" à la Richard Wagner und Tannhäuser, im Höttinger Bad ging es anständig zu!

Im Jahr 1496 übergab Kaiser Maximilian dem Michael Jäger eine „Hofstatt zu einer Badstuben mitsamt der Quelle und dem daraus fliessenden Wasser". Gegen Ende des 16. Jahrhunderts weist die Chronik einen Medicus und Bader namens Liebl aus, der das Bad betrieb.

Es folgte Generation um Generation, die den Badebetrieb aufrechterhielt – ungeachtet solcher Katastrophen wie Vermurungen durch den hochgehenden Fallbach und anderer unsicherer Zeitläufe.

Im alten Innsbruck war es üblich, daß am 1. Mai ein trommelnder Bote die Eröffnung der Badesaison in der Stadt verkündete und den nachstehenden Vers ausrief:

Auf, auf, was reich und arm,
am Venusberg ist's Bad schon warm.
Wer hat eine Krankheit oder ein Leiden,
dem wird's das Wasser gleich vertreiben!

Wie bei Liegenschaften dieser Art wechselten auch die Besitzer des Venusbades. Nach den Liebls, die es in zehn Generationen betrieben, folgte Josef Spiegl, auf diesen Matthias Rudig und auf den die Familie Pitscheider. Heute gehört der Besitz der Familie Margreiter.

Das letzte „Badejahr" war 1957, dann wurde das Venusbad geschlossen. Ein Schicksal, das die verschiedenen städtischen Badeanstalten auch ereilte, denn inzwischen hatten die Innsbrucker nahezu alle eigene Bäder oder zumindestens Duschen in ihren Wohnungen.

Im „Maximilian-Gedenkjahr" 1996 – ein halbes Jahrtausend war seit dem Wirken des aktiven Monarchen vergangen – nahm sich der Innsbrucker Verschönerungsverein unter seinem damaligen Obmann Anton Rauch des Bades an.

Es wurde nicht revitalisiert, man beauftragte aber den Innsbrucker Bildhauer Helmut Millonig mit der Anfertigung einer Gedenktafel an das einstige Venusbad. Der Künstler schuf, in Stein gehauen, eine mittelalterliche Badeszene, in der ein sichtlich gutgelauntes Pärchen in einem Badezuber sitzt, einen Krug mit vermutlich Wein vor sich. Die Badenden prosten einander zu und lassen ahnen, daß Baden damals offensichtlich nicht nur der Reinigung allein diente, sondern auch gesellschaftlichen Charakter hatte.

DER „VENUS-BAD-WIRT" PITSCHEIDER

Es müßte eigentlich nicht ausdrücklich erwähnt werden, daß zu einem gut florierenden Bad auch ein ebensolches Wirtshaus gehört. Das war beim Venus-Bad nicht anders. Unter den Wirten, die die Gastwirtschaft betrieben, ist nur einer in Erinnerung geblieben: Herr Pitscheider, von seinen Freunden kurz und einfach „Pitsch" genannt.

Wer heute die leicht ansteigende Höttinger Gasse in Richtung Venusbad einschlägt und die umliegenden Häuser aufmerksam betrachtet, stellt fest, daß sich linker Seite knapp vor dem Badhaus ein an den Hang gebautes Gebäude mit einem davor gelagerten Garten befindet. Straßenseitig ist es mit einer Mauer abgesichert, gegen die Hausmauer zu steht eine hölzerne Veranda. Solche Veranden waren ungemein beliebt, sie schützten vor dem Wind, verhinderten, daß Insekten ins Trinkglas fielen, boten bei allfälligen Regengüssen sicheren Schutz und garantierten ungestörtes Weiterzechen.

Wer die zum Trinken aufmunternden Sprüche in bester Laubsägearbeit in die Holzabdeckung unter dem Dach eingearbeitet hat, ist nicht überliefert. Zum lebenslustigen Herrn Pitscheider

Abb. 27. Das ehemalige "Venus-Bad-Wirtshaus" in Hötting.

hätten sie bestimmt gepaßt! So werden allzu zögerliche Gäste ermuntert:

Trink und iß, Gott nicht vergiß!

oder

Ein guter Tropfen macht Alte jung!

aber auch

Ein frischer Trunk gibt Stärke zum Tagewerke.

Von Herrn Pitscheider geht die Rede, er sei ein großartiger Erzähler von Geistergeschichten gewesen. Grad so Schauer seien den Leuten über den Rücken gerieselt, und ängstliche Gemüter tranken sich noch für den Heimweg etwas Mut an. Für Herrn Pitscheider jedenfalls eine umsatzfördernde Maßnahme!

Allein der süffige Wein, der zartrosa durchzogene Speck – die alten Innsbrucker hatten dafür die Bezeichnung "kaif" – und ein herzhaftes Schwarzbrot machten den Weg nach Hötting zum lohnenden Ausflug. Nicht mehr nachzuweisen ist die Herkunft des "Rötels", es darf aber angenommen werden, daß es sich um importierten aus Südtirol und nicht um einen einheimischen Höttinger "Sauremus" gehandelt haben dürfte. Aber, Genaues weiß keiner.

Daß sich in diesem Wirtshaus natürlich auch Künstler trafen, fröhliche Leute, die viel von gutem Essen und Trinken hielten, ist in der Innsbrucker Chronik ebenfalls festgehalten. Es soll sich darunter auch ein Maler namens Lehnert befunden haben, und es geht die Rede, Herr Lehnert hätte mangels Geld zum Begleichen der Zeche die Galträume mit wunderschönen Bildern ausgestaltet. Die wurden längst überstrichen, und so gut werden sie wahrscheinlich schon nicht gewesen sein, daß sich Denkmalpfleger ihrer hätten annehmen müssen.

DIE INNSBRUCKER VON GESTERN WAREN EIFRIGE SCHWIMMER

Waren früher die Sommer länger, die Temperaturen höher und die Sonnentage häufiger als heutzutage? Wenn man überlegt, wie viele Schwimmbäder bzw. Bademöglichkeiten es im alten Innsbruck gab, könnte an diesen Fragen etwas dran sein!

Abb. 28. Das „Strandbad" Schönruh bei Innsbruck (um 1930).

Heute steht den Innsbruckern als Freibad das "Tivoli" zur Verfügung. Eine weitere Bademöglichkeit bietet der "Baggersee" in der Roßau. Es gibt noch den "Lansersee", die Hallenbäder in der Amraserstraße, in der Höttinger Au und im Olympischen Dorf. Etwas von Innsbruck entfernt lockt noch der "Natterer See", aber das ist es auch schon!

*

Voll Wehmut erinnern sich ältere Semester an das "Strandbad Schönruh". Es lag in einer Wiesenmulde oberhalb des Schlosses Ambras. 1929 eröffnet, entwickelte sich "Schönruh" bald zu einem Badeparadies für groß und klein. Manche Innsbrucker Familien verbrachten, mit einer handfesten Jause und Saftln im Korb, nicht nur den ganzen Tag, sondern oft einen ganzen Sommer lang jede freie Stunde dort oben. Es war sonnig, windstill, das Wasser erwärmte sich rasch, der Eintrittspreis war maßvoll niedrig, für wenig Geld konnte man einen herrlichen Sonnentag verleben. Im Jahr 1970 war es aus mit der Pracht, inzwischen wurde die Wiesenmulde aufgefüllt und begrünt. Wer heute vorbeifährt, sieht eine ordentliche Wiesenfläche, und daß es dort einmal regen Badebetrieb gegeben hat, scheint kaum mehr glaubwürdig.

*

Wo sich heute in der Höttinger Au ein modernes, allen hygienischen Ansprüchen voll entsprechendes Hallenbad befindet, gab es das Freischwimmbad Höttinger Au. Weniger abgehärtete Zeitgenossen sprachen vom "Gletscherwasser", das eiskalt und grünlich gefärbt das Becken füllte. Der baumlange Schwimmmeister Haas, von den Leuten respektlos "Schwimbus" genannt, sorgte streng für Ordnung. Wenn Mütter ihre etwas ängstlichen Sprößlinge Herrn Haas anvertrauten, damit dieser ihnen die Künste des Schwimmens beibringe, zeigte sich dieser jedoch als liebenswürdiger, überaus geduldiger Lehrmeister, der es verstand, auch dem wasserscheuesten Kind die Freude am Schwimmen zu vermitteln. Nach dem offiziellen Ende der Badezeit kamen abends die Mitglie-

Abb. 29. Gut geschützt gegen neugierige Männerblicke: das ehemalige Damenschwimmbad in der König-Laurin-Allee (um 1925).

der des TWV, des Tiroler Wassersportvereins, und übten im immer noch eiskalten Wasser mit ihren Paddelbooten die „Eskimorolle" – etwas, das einen Paddler erst befähigt, sich in stürmischere Gewässer, als es das Höttinger Bad war, zu begeben.

*

Etwa um die Jahrhundertwende entstand in der östlichen Museumstraße ein Bad. Es gab genaugenommen zwei Bäder, ein Damen- und ein Herrenbad. Außerdem, wie die Innsbrucker Chronik ausweist, Reinigungsbäder und „Brausebäder", wie Duschen damals genannt wurden. Vom Damenbad weiß man, daß es der sommerliche Treff sportlicher Weiblichkeit war, die dort nicht nur dem Sport, sondern auch dem Nachrichtenaustausch gehuldigt haben soll. Für Frauen mit kleinen Kindern war es angenehm, daß sich im-mer jemand fand, auf die „Biz" aufzupassen, während Mamá ihre Längen abschwamm. Das Bad wurde im Zweiten Weltkrieg durch Bomben zerstört und nicht mehr aufgebaut. Das Verwaltungsgebäude, ein pavillonartiger niedriger Bau, diente noch eine Zeitlang den Don-Bosco-Schwestern als Kindergarten, bis auch dieses Gebäude abgerissen wurde.

*

Ein Geheimtip für manche war das Schwimmbad in Büchsenhausen, nahe dem Schloß Büchsenhausen im Stadtteil St. Nikolaus. Es ging die Rede, daß das Bad seine Tücken habe, denn das Becken war so angelegt, daß das „Tiefe" nicht wie üblich durch sanfte Neigung des Bodens entstand, sondern wie eine steile Stufe von einem höheren Podest nach unten abbrach.
Auch Büchsenhausen gibt es nicht mehr!

*

Ein „Badl" mit besonderem Charme befand sich mit dem „Herzsee" im Gemeindegebiet von Aldrans. Der langgestreckte, fast rechteckige Weiher wird 1451 zum ersten Mal erwähnt und hieß damals See zu „Laibeins". Er diente hauptsächlich der Fischzucht, schwimmen ging damals noch niemand. Im Jahr 1665 wurde er zur Gänze abgelassen, statt Wasser gab es eine Wiese. Erst 1892 erwarb der Innsbrucker Heinrich Bederlunger das Grundstück, flutete dieses und schuf wieder einen See. Legenden zufolge sei der etwa zweieinhalb Meter tiefe See am Boden mit Steinplatten gepflastert. Im Jahr 1911 ging der See in den Besitz der Wirtsleute Wergles über, die eine Gastwirtschaft mit Bootsverleih errichteten. Eine hölzerne Terrasse zum Sonnenbaden entstand nördlich des Sees im Wald, und die Badegäste lobten die Kühle, die von den Bäumen kam, die Windstille und besonders die herrliche Ruhe, die man dort genießen durfte.
Für Schüler des Gymnasiums in der Angerzellgasse hatte der Herzsee eine zusätzliche und besondere Bedeutung – sofern sie den landauf landab bekannten Nauderer Alois Moritz zum Klassenvorstand hatten. Als Zielpunkt der von ihm begleiteten Wandertage setzte Moritz nämlich stets „Herzsee und Umgebung" fest.

Abb. 30. Der Herzsee bei Aldrans (um 1923).

Abb. 31. Der Mühlsee bei Lans (um 1928).

Abb. 32. Der Lansersee bei Igls (um 1920).

Dort mochten die Buben nach Herzenslust herumtollen, während der Herr Professor in der nahen Labestation den durch die Wanderung bedingten Flüssigkeitsverlust mit durchaus tauglichen, in entsprechenden Betrieben der Braustadt Innsbruck hergestellten Mitteln ausglich.

Auch diese Bademöglichkeit gibt es nicht mehr, denn heute werden wieder Fische eingesetzt, die – haben sie eine brauchbare Größe erreicht – herausgefischt werden und in die Bratpfanne wandern.

Der Name „Herzsee" kommt übrigens vom nahen Herztal, durch das das Wasser des Sees abfließt.

*

Vom „Lansersee", der heute noch als Badeanstalt geführt wird, wurde bereits berichtet. Der See soll früher einmal doppelt so groß gewesen sein, wie er sich heute bietet. Er wird von unterirdischen Quellen gespeist, und die Fama weiß von tückischen Wirbeln und eiskalten Strömungen zu berichten – beides Erscheinungen, die Badegäste nicht besonders gern haben. Oberhalb des Lansersees stand das „Hotel Lansersee", ein stattlicher Bau, der damals, als Igls noch Luftkurort war, noblen Gästen Unterkunft bot. Weniger Betuchte konnten sich Aufenthalte in Luftkurorten gar nicht leisten!

Auch am Lansersee verbrachten viele Innsbrucker ihren Sommer. Die Badesaison begann oft schon um Ostern, wo sich blasse Sonnenanbeter auf der Bank im „Kinderbad" die erste Bräune holten. Die von langen Sommern braungebeizten Balken und Bretter der Umkleideräume, Kabinen und Liegepritschen wurden von Woche zu Woche stärker frequentiert, bis es mit Beginn der Schulferien mitunter platzknapp wurde. Am Lansersee lernten an den freien Tagen vor der Matura Innsbrucker Schüler auf ihre Prüfungen und fragten sich gegenseitig ab. Heiße Flirts bestimmten zu Saisonbeginn den Badesommer, bis es dann, wenn die ersten kühleren Herbsttage kamen, auf einmal „aus" war. Am Lansersee, so wird heute noch behauptet, gäbe es die hübschesten Mädchen in den rassigsten und knappesten Bikinis. Am Lansersee, so schrieb einst die Tiroler Tageszeitung, habe man die erste Dame mit bläulich getönten Haaren gesichtet.

Am Lansersee gab es unter den Stammgästen auch Originale, wie die Skilegende aus den dreißiger Jahren, den Lantschner Helli, der stets gutgelaunt und tiefbraun gebrannt, seine Freunde mit „Heil alleweil" begrüßte und der sich auch nie zierte, wenn man ihn auf ein Bier einlud. Als „Schnorrergenie" galt der Luis, ein hochgewachsener, sportlicher Mensch vorgerückten Alters, der jede Menge lustiger Geschichten zu erzählen wußte, keiner – wie behauptet wurde – geregelten Arbeit nachging, charmant und unkompliziert war, ohne Hemmungen in fremde Niveadosen griff und sich aus den Tiroler Nußölflascherln bediente, was ihm immer gern gewährt wurde. Wurde es dann Spätherbst, verschwanden diese Leute, um im nächsten Sommer wieder am Lansersee aufzutauchen. Als die alte Badeanstalt vor etlichen Jahren abgerissen und durch eine stabilere und hygienisch zuverlässigere ersetzt wurde, soll sich ein treuer Badegast die Tür seiner langjährigen Stammkabine erbeten und mit nach Hause genommen haben.

Die alten Stammgäste sind längst in eine bessere Welt übersiedelt, der liebenswerte, alte Doktor Altadonna, die bildschöne Frau Marisa, der Luis und der Helli, der fesche Martin und die unermüdlich arbeitende Badefrau Lutz. Geblieben sind die hübschen Mädchen, und geflirtet wird heute am Lansersee genauso wie damals.

*

Noch eine Bademöglichkeit gehört hierher. Der Mühlsee. Es gibt eine eigene Station „Mühlsee" der Linie 6, der „Igler". Ein Teil der Fahrgäste verließen die Tram bereits dort und wanderten mit Sack und Pack hinunter zum See, wo hinter der Kassa Herr Reitmayr, genannt der „Mühlsee-Ernst", seines Amtes waltete. Es konnte sein, daß er gewissen Gästen, speziell solchen jugendlichen Alters, von denen anzunehmen war, sie könnten möglicherweise laut werden und Krach machen, den Eintritt verweigerte. Es nützte nichts, der „Mühlsee Ernst" blieb bei seiner strengen Auslese, und der abgewiesene Gast mußte wohl oder übel umkehren. Lautes Schimpfen beeindruckte den Ernst überhaupt nicht, und flehende Versicherungen, man würde sich besonderer Ruhe befleißigen, waren umsonst. Den Gästen aber, die willkommen waren, wünschte er mit „Baden Sie wohl" einen schönen Tag. Was immer es gewesen sein mag, man verbrachte den ganzen Tag dort. Eine Jause, ein Getränk, etwas zum Lesen brachte sich jeder mit. Im schlimmsten Fall bekam man in Herrn Reitmayrs Büffet ein Bier, ein Streichkäserl, Brot oder Wurst und mit Glück sogar Mannerschnitten.

Das Wasser war mild und warm, der Mühlsee ist nicht sehr tief, maximal drei Meter, sportliche Leute schwammen bis zur Insel und ließen sich dort von der Sonne trocknen, bis sie wieder ins kühle Wasser tauchten. Wer Geselligkeit suchte, hielt sich auf der Sonnenterrasse auf, wer seine Ruhe wollte, verzog sich ans gegenüberliegende Ufer und breitete seine Handtücher im Gras aus. Die Sonne schien, so behaupten die Leute, damals nicht so aggressiv wie heute. Es gab keine Sonnenschutzmittel. Geeichte Badegäste mixten sich eine Mischung aus Olivenöl und Zitronensaft, die für die ersten Male auslangte, später brauchte man das nicht mehr. Herren älteren Semesters rieben sich mit einem Speckschwartl ein und schworen auf dieses Hausmittel. Sonnenbrände erlitten bestenfalls Sommergäste, Einheimische schienen immun dagegen. Oder war die Sonne damals wirklich milder?

Feste – Freizeit – Feiern

Den Innsbruckern wird nachgesagt, sie hätten es nicht unbedingt mit verordneten Festen und Lustbarkeiten. Was aber nicht heißen soll, sie hätten keine Freude an Vergnügungen. Nur diktieren lassen wollten (und wollen) sie sich nie, wann es Zeit zum Lustigsein ist und wann nicht. So erklärt sich auch die Tatsache, daß es im Grund im Innsbrucker Fasching nie etwas besonders Spektakuläres gab. Ein Karneval im rheinischen Stil oder so etwas wie ein Münchener Fasching konnte sich in Innsbruck nie richtig entwickeln. Wenn begeisterte Leute mit viel Engagement Faschingszüge organisierten, standen die Innsbrucker meist teilnahmslos am Straßenrand, und es mußte schon viel passieren, daß dem einen oder anderen Zuseher ein Lacher auskam oder er gar ausgelassen reagierte und applaudierte. Da konnte es mitunter schon geschehen, daß ihn mißbilligende Blicke von den Nebenstehenden trafen. Wenn heute am Faschingdienstag die Innenstadt, wie sich ein besonnener Politiker ausdrückte, zum „Tollhaus" wird, ist das auch eine organisierte Sache, die übrigens nicht nach dem Herzen aller Innsbrucker ist.

Trotzdem, Humor darf man den Innsbruckern nicht absprechen, sie haben ihn, und zwar in besonderem Maß, den treffenden Mutterwitz, der mit Zielsicherheit die Situation erfaßt. Auch Schwarzer Humor ist vertreten, und dieser hilft manchen Leuten, mit scheinbar ausweglosen Situationen fertig zu werden. Geselligkeit in kleinerem Kreis kann zum unvergeßlichen Erlebnis werden, wenn die richtigen Leute zusammenkommen und auch das Umfeld stimmt.

Feste kommen und gehen, und ältere Innsbrucker erzählen gern, wie es früher war. Als am Abend über die Maria-Theresien-Straße ein „Korso" zog, wo man nach Dienstschluß einfach nur bummelte, Bekannte traf, hübschen Mädchen nachsah und mit mehr oder minder heftigen Flirts die Basis für spätere Beziehungen legte.

INNSBRUCK IM MONAT MAI …

Der Wonnemonat Mai begann im alten Innsbruck natürlich als Marienmonat, die erste Maiandacht wollte kaum jemand versäumen – für viele junge Innsbrucker eine gute Gelegenheit, der elterlichen Kontrolle zu entfliehen und sich mit einer verehrten Person des anderen Geschlechts zu treffen. Die Sillschlucht, die stille König-Laurin-Allee, die deshalb den Spitznamen „Seufzer-Allee" erhielt, aber auch die Grünanlagen rund um Weiherburg und Villa Blanka waren beliebte Plätze. Mag wohl manchen Eltern die ungewohnte Frömmigkeit der Sprößlinge aufgefallen sein, vernünftige Leute erinnerten sich daran, wie es gewesen war, als sie selbst anstatt zur frommen Andacht zum weit aufregenderen „Randi" gingen, wie man ein Rendezvous auf innsbruckerisch nannte.

Politisch engagierte Leute aber hatten es bereits am 30. April eilig, denn es galt, die Maifeier würdig vorzubereiten. Die Straßenbahnen wurden mit Girlanden aus Papierblumen geschmückt, aus Kreppapier entstanden rote Nelken, die roten Fahnen und die blauen Hemden wurden gebügelt, damit für den Maiaufmarsch alles parat war.

Aus vielen Stadtteilen zogen die „Sozi" zum Rennweg. Die roten Fahnen wehten hinter ihnen her, eine Musikgruppe spielte Märsche, und es war das Repertoire der alten österreichischen Märsche, das am Programm stand, und nicht die kämpferische „Internationale". Alte Innsbrucker erinnern sich mit gewissem Wohlgefallen an die Marschierer von damals und betonen, es habe sich bei diesen Leuten um grundanständige, ehrenhafte und korrekte Menschen gehandelt. Und werden Vergleiche mit Angehörigen derselben Couleurs von heute gezogen, sacken die Heutigen schwer ab zugunsten der Idealisten von damals. Die ersten Maiaufmärsche gab es übrigens laut Innsbrucker Chronik schon 1890. Damals hatten sie tatsächlich ernsten, klassenkämpferischen Demonstrationscharakter, und wer sich mit Geschichte befaßt, weiß, auch aus gutem Grund.

In den unseligen Jahren der NS-Zeit wurde aus den Maiaufmärschen eine politische Sache, zu der die berufstätige Bevölkerung, soweit sie nicht im Kriegsdienst stand, befohlen wurde. Als es nach dem Krieg wieder die ersten „richtigen" Maiaufmärsche gab, sah man den Marschierern mit wohlwollender Miene zu. War der Aufmarsch vorbei und die Kundgebung zu Ende, löste sich alles auf. Die roten Fahnen wurden eingerollt nach Hause getragen, auf den Rockaufschlägen der Herren leuchteten wie aufgelöste winzige Spritzer die roten Nelken. Am 2. Mai war dann für ein langes Jahr wieder alles vorbei, und der Alltag nahm seinen Lauf.

DIE ALLELUJASTAUDE

Wenn heute bereits im Oktober in den Geschäften Lebkuchen und Nikolausfiguren, Christbaumbehang aus Schokolade und Weihnachtsschmuck angeboten werden, so war das früher anders.

Mit dem ersten Adventsonntag begann ein neues Kirchenjahr. Die alten Innsbrucker, die nicht nur weit eifrigere Kirchgänger waren, als es die heutigen sind, registrierten dieses, doch damit hatte es sich schon. Den Adventkranz kannte man nicht, der kam erst in den Zwischenkriegsjahren und mit der NS-Zeit in die Haushalte. Noch im Jahr 1936 gab es in einer Innsbrucker Zeitung einen Hinweis von kirchlicher Seite, daß es sich dabei um einen heidnischen Brauch handle, der im evangelischen norddeutschen Raum heimisch sei, bei uns jedoch nicht üblich. Im übrigen heiße die Kirche diesen Brauch nicht gut, außerdem würde sich der Brauch bei uns ohnehin nicht durchsetzen. So kann man sich täuschen! Heute werden Adventkränze gesegnet, und es gibt keine Kirche, kein Hotel, kein Büro und schon gar keinen Haushalt, wo nicht ein Adventkranz steht, liegt oder hängt.

Frömmere Leute besuchten in der Adventzeit die im Morgengrauen stattfindenden „Rorateämter". Es war nicht üblich, die Wohnung adventlich zu schmücken, bestenfalls frischte man in einem Glockspeis-Häfen Tannen- oder Latschenzweige ein, das aber auch eher der guten Luft wegen, die dem ätherischen Öl der Zweige zu verdanken war.

Für die Kinder war der 5. Dezember ein Höhepunkt, da durfte man mit dem Besuch des heiligen Nikolaus rechnen. In manche Häuser bessergestellter Bürger kam er persönlich. Man mußte ihn vorher bestellen, er erhielt präzise Anweisungen, was er zu den Kindern zu sagen hatte, wie weit Tadel und Lob gehen durften und wie lang er überhaupt anwesend sein sollte.

Junge Leute besuchten gern die von verschiedenen Vereinen veranstalteten „Krampuskränzchen", harmlose Angelegenheiten, bei denen es allerdings geschah, daß übermütige, als Krampus kostümierte Burschen etwas aus dem Rahmen fielen.

Dann war wieder nichts los. Es gab keinen Christkindlmarkt, aber es gab mit dem „Thomasmarkt" einen ländlichen Krämermarkt, bei dem Bauern alle nützlichen Dinge einkauften, die man für den Winter am Land so brauchte.

In den Haushalten wurde „Zeltenzeug" geschnitten und mit Rum beträufelt, damit der Zelten den rechten Geschmack bekomme. Weihnachtsgebäck in dieser teilweise raffinierten Vielfalt, wie man es heute kennt, gab es nicht. Lebkuchen, Bischofsbrot, Hausfreunderln, Spitzbuben, Anisbusserln, Witwenküsse oder Vanillekipferln waren beliebt. Einer Innsbrucker Hausfrau wäre es nicht einmal im Schlaf eingefallen, Weihnachtsgebäck in der Konditorei zu kaufen. Jede hatte den persönlichen Ehrgeiz, es selbst herzustellen.

Vor Weihnachten wurde geputzt, die Kinder hatten vor den Ferien in der Schule vermehrt zu lernen, Schularbeiten und Prüfungen bestimmten diese Wochen, und in manchen Schulen wurde ein Krippen- oder Hirtenspiel eingeübt. In der städtischen Musikschule, wie das heutige Konservatorium damals noch hieß, klimperten die Kinder am Klavier „Stille Nacht" oder strichen auf der

Geige ein anderes Weihnachtslied mit teilweise fragwürdigem Wohlklang.

Weihnachten im alten Innsbruck war ein ruhiges Familienfest. Aufwendige Blumen- und Tannengestecke, wie man sie heute von phantasiebegabten Floristen kaufen kann, kannte man nicht. Zur Weihnachtsdekoration dienten in vielen Häusern lediglich kleine Tannenzweige, die man hinter die Bilder steckte, wodurch dann jedes Bild schief hing. Gewissenhaften Hausfrauen waren Tannennadeln, die abbröselten, ein Ärgernis – man konnte sie noch beim großen Osterputz in Parkettritzen entdecken.

Ab 21. Dezember gab es Christbäume zu kaufen. Nicht immer waren die Exemplare wohlgewachsen, und seufzend – Bäume sind teuer – wurde die „Allelujastaude" aufgeputzt.

Auch die Weihnachtsessen waren nicht unbedingt opulent. Am Heiligen Abend gab (und gibt) es eine Nudelsuppe mit eingelegtem Frankfurter Würstl, die nach der Christmette serviert wird. Vorher aß man in gutbürgerlichen Familien etwas Kaltes, meistens eine liebevoll garnierte Kalte Platte. Das festliche Essen wurde nach Familientradition am Christtag aufgetischt. Schwor die eine Familie auf eine mit Äpfeln gefüllte Gans, so mußte es bei der andern ein Kalbsbraten sein, und bei einer dritten wurden Wiener Schnitzel gebacken. Hier übrigens zeigt sich, daß die Innsbrucker auch konservativ sind. Mögen sonst unterm Jahr exotische Gerichte aus welchem Land immer Einzug in die Küche gehalten haben, zu Weihnachten wollte man das überlieferte Festessen am Tisch sehen.

Auch Silvester wurde nicht als rauschendes Fest begangen. Innsbrucker Restaurants und Hotels mit Festsälen arrangierten wohl Silvesterbälle mit einem Festmenü, der Großteil der Leute fanden jedoch, daheim werde es genauso Mitternacht wie im teuren Nobelrestaurant, und die Zeit, bis es endlich soweit sei, vergehe da wie dort gleich langsam. Silvester auf einer Skihütte zu verbringen war aber etwas, wovon viele Innsbrucker nicht nur träumten, sondern es auch in die Tat umsetzten.

FASTENZEIT UND OSTERZEIT

Für die meisten Innsbrucker gingen die angeblich so turbulenten Faschingstage sang- und klanglos vorbei. Nur den Aschermittwoch wollten einige nicht ungenützt vorbeigehen lassen, denn da rüstete das eine oder andere Innsbrucker Hotel und Restaurant zum großen Heringsschmaus. Soweit erinnerlich, regte sich darüber keiner auf, und sollte jemand doch Anstoß an der Lustbarkeit genommen haben, sagte man ihm trocken, Fasching sei sowieso eine vom Kalender her bewegliche Sache, also käme es auf diesen einen Tag auch nicht an.

Tagelang wurde in manchen Küchen gebraten, gebacken, geschnitten und gesulzt. Die prachtvoll arrangierten Platten wurden auf blütenweißes Leinen gestellt. Fische gekocht, geschnitten und wieder zum Ganzen zusammengesetzt. Kunstvoll wurden Roastbeef und kalter Braten zu aufgetürmten Skulpturen geformt, gefüllte Eier, geräucherte Fische, pikante Sulzen und Pasteten, Gelantinen und Gelees warteten neben Salaten, eingelegtem Gemüse, Pilzen und raffiniert gewürzten Soßen auf hungrige Gäste. In Körben stapelte sich ofenfrisches Gebäck. In makelloser Garderobe mit frisch gestärkten Kochhauben präsentierte sich die auf ihre Werke stolze Küchenbrigade den neugierigen Gästen, die bereits hungrig warteten. Zuvor aber gab es noch die „Plattenschau", zu der hinzugehen für die Absolventinnen von Haushaltungsschulen einfach Pflicht war.

Die Heringsschmaus-Besucher hatten zuvor bereits Tische bestellt, die Blasmusik begann zu spielen, dann konnte das Vergnügen losgehen. Heringsschmaus war für bestimmte Kreise eine Art gesellschaftliches Ereignis und für manche – wie schon angedeutet – das einzige Faschingsvergnügen. Getanzt allerdings wurde nicht mehr, der Fasching war ja vorbei!

Die Fastenzeit wurde weder von flammenden Aufrufen zu Verzicht oder Askese begleitet. Natürlich versagten sich manche Leute Alkohol und Nikotin, zumindest am Beginn der Fastenzeit, später verwässerten die guten Vorsätze wieder. Sparsam gegessen wurde in den meisten Innsbrucker Familien sowieso. Hausmannskost hatte Vorrang, und bezeichnend war, daß es in Innsbruck kaum Delikatessengeschäfte gab. Vergleiche mit Wien, Bozen, München oder anderen Städten fielen stets zuungunsten Innsbrucks aus.

Feierlich aber wurde es zu Ostern. Das Fest begann mit dem Palmsonntag, und was eine richtige Innsbrucker Palmstange sein wollte, die mußte mindestens aus siebenerlei Grün gebunden sein. Je länger, je begehrter, und die Buben – Mädchen mußten sich mit buschenartigen Sträußen zufriedengeben – maßen während der Palmweihe in der Kirche kritisch die Länge der „Latten" und stellten Vergleiche an. Hatte man selbst eine kürzere, tröstete man sich damit, daß die eigene dafür eben schöner sei.

Nach dem Palmsonntag begann die Karwoche. Die Kinder hatten bereits Osterferien und standen daheim meist im Weg, denn es wurde geputzt. Der Osterputz war für eine richtige Innsbrucker Hausfrau Anliegen und Verpflichtung. Das Unterste wurde zuoberst gekehrt, Schubladen und Kästen ausgeräumt, ausgewischt, mit frischem Papier ausgelegt. Geschirr wurde, egal wieviel man davon besaß, „durchgewaschen", zu Ostern hatte alles zu blitzen und zu funkeln.

Am Gründonnerstag ging man zur Messe vom Letzten Abendmahl, und es hieß, am allerschönsten feiere man dieses Ereignis in der Stiftskirche zu Wilten. Dort gab es nicht nur eine Fußwaschung, vorgenommen durch den Abt des Stiftes, es gab auch einen herrlichen Chor und eine Regie dieses Abends, die einen spüren ließ, daß jetzt Ostern nahte, das wirklich bedeutendste Fest im Kirchenjahr.

Am Karfreitag roch es in fast allen Haushalten intensiv nach Stockfisch. Ein „Stockfischgröstl" war an diesem Tag Tradition. Fiel Ostern früh, gab es dazu Krautsalat oder den letzten Endiviensalat des Vorjahrs, fiel Ostern spät, konnte es bereits frischer „Zigori" sein oder Vogerlsalat von den Thaurer Feldern.

Am Karfreitag Nachmittag aber pilgerten die Innsbrucker Familien von einem Ostergrab zum nächsten. Geheimnisvoll flackerten die Lichter hinter den mit buntgefärbtem Wasser gefüllten Glaskugeln. Blumenschmuck umgab das Grab, in dem eine geschnitzte oder gemalte Figur des toten Heilands unter Tüllschleiern verborgen lag. Manche Kirchen besaßen eine regelrechte Ost-

*Abb. 33.
Ostergrab in
der Kirche.*

ergrab-Architektur, die nur für diesen Tag aufgerichtet wurde. Die Mühe des Aufstellens belohnte reicher Besuch des Grabes. Von den Kapuzinern in der Kaiserjägerstraße hieß es, sie hätten das allerschönste Ostergrab der Stadt. Doch nicht immer war das der Fall. Vielleicht waren die Blumen des Bruder Gärtnermeister in diesem Jahr eben ein Opfer strenger Frühlingsfröste geworden?

Samstag Nachmittag wurde in den Kirchen „Auferstehung" gefeiert. Die Kirchen waren gesteckt voll, die Leute warteten gespannt auf den Augenblick, wo sich rumpelnd der Deckel über die Grabeshöhle niedersenkte, während der Mesner hinter dem Altar die Figur des auferstandenen Jesus in kleinen Rucken hinaufkurbelte, bis er endlich für alle sichtbar war und der Chor mit dem Alleluja bestätigte: Jetzt ist wirklich Ostern!

Die Nester, die damals der Osterhase füllte, waren klein. Bunte Eier, Schokolade, ein paar Zuckerln, vielleicht etwas für die Schule oder ein Netz gefüllt mit „Tatti", wie in Innsbruck die Glaskugeln hießen, das war es auch schon! Manche Kinder bekamen zu Ostern für den Sommer Sandalen und weiße Socken oder Kniestrümpfe, doch die durften nach strengem Brauch der Innsbrucker Mütter erst angezogen werden, wenn auf der Höttinger Alm kein Schnee mehr lag.

IM ALTEN INNSBRUCK BLÜHTE DAS VEREINSLEBEN

Fischnalers Innsbrucker Chronik weist im Jahr 1928 über 500 eingetragene Vereine aus. Das ist eigentlich für eine damals noch kleine Stadt mit weit weniger Einwohnern als heute eine beachtliche Anzahl. Freilich – Fernsehen war noch nicht erfunden, ein Radiogerät besaßen nur wenige Leute, ein Grammophon leistete sich kaum wer, Bücher waren auch eine eher kostspielige Angelegenheit, und ins Gasthaus gehen, um Geselligkeit zu finden, war, wenn man allein unterwegs sein mußte, eher langweilig. Ganz anders ein Verein. Da konnte man Gleichgesinnte treffen und seinem Hobby frönen, da konnte man diskutieren und möglicherweise Wohltätigkeit organisieren oder seine Frömmigkeit ausleben.

Für manche wird der Verein auch eine gute Gelegenheit gewesen sein, das eigene Heim mit gutem Grund und ohne fadenscheinige Ausrede zu verlassen. Welche Ehefrau, wie mißtrauisch immer sie sein mochte, hat dagegen etwas einzuwenden, wenn sich der Hausvater im Vinzenz-Verein der Not armer Mitmenschen annimmt oder im Hundezuchtverein erfährt, wie man den hauseigenen Dackel bändigt.

*

Von den zahlreichen Innsbrucker Vereinen, die im 19. Jahrhundert gegründet wurden, hat einer überlebt – und das ohne Unterbrechung oder Neugründung. Es ist der „Innsbrucker Verschönerungsverein". Gegründet wurde er im Jahr 1881, seine Aufgaben sollten darin bestehen, die Schönheiten der Stadt, die landschaftlichen wie die kulturellen, zu pflegen und für ein schönes Stadtbild zu sorgen. Der Verein tat weit mehr. Die Wanderwege rund um Innsbruck, der Wilhelm-Greil-Weg, der Stangensteig, der Rosnerweg, der Bederlungerweg, der Ammareller Steig, der Tummelplatzweg und und und – sie alle legte der Innsbrucker Verschönerungsverein nach und nach an, finanziell unterstützt teils vom Vereinsvorstand selbst, dem vermögende, angesehene Bürger angehörten, teils von den Mitgliedern des Vereins. Die Innsbrucker waren Feuer und Flamme, und es war für jeden Bürger fast eine Verpflichtung, dem Verschönerungsverein beizutreten.

Den Verein gibt es heute noch. Die Mitgliederzahl ist gesunken, was dem Vorstand leid tut. Neue Mitglieder zu werben ist heute nicht mehr einfach, die Begeisterung von einst ist erloschen, den Enthusiasmus von damals bringt heute kaum noch wer auf. Die zahlreichen Kilometer Wanderwege, die fast tausend Ruhebänke, die Kinderspiel- und Aussichtsplätze, Wegweiser, Hinweistafeln, Papierkörbe, Tische, all das wird heute noch im Sinn der mittlerweile 120 Jahre alten Vereinssatzungen gepflegt, betreut, instandgehalten, repariert – und das übers ganze Jahr, auch im Winter!

*

Wer aber erinnert sich noch, daß es den „Tiroler Stenographen-Verein" gegeben hat? Er wurde anno 1861 gegründet, feierte 1911 das Fünfzigjährige und ist inzwischen längst vergessen. In diesem Verein wurde die Kunst der Schnellschrift nach Gabelsberger gepflegt. Ob das Vereinsleben rege war oder die Vereinsabende lustig, ist nicht überliefert.

*

Im Jahr 1850 wurde in Innsbruck ein „Seidenbau-Verein" gegründet. Bis es zu einem aktiven Vereinsleben kam, vergingen drei Jahre. Am 27. Juli 1853 war es aber soweit. Im Beisein des Statthalters und zahlreicher Damen, die Anwesenheit der Herren war selbstverständlich, fand im Sternbachschen Schloß zu Mühlau die Gründungsversammlung statt, bei der man auch über die Statuten des Vereins beriet. Basis für das Vereinsleben bildete Fachliteratur wie Herrn Johann v. Schmucks „Anleitung zum Seidenbau auf deutschem Boden" oder Kleins Ausführungen „Die Kultur des Maulbeerbaumes."

In Mühlau plante man eine „Abhaspelungs-Anstalt" zu errichten, in der die Seidenfäden der Kokons der Seidenraupe für eine zukünftige Seidenverarbeitung abgewickelt werden sollten.

Im Jahr 1861 sprach man noch von einem Aufschwung, doch danach schweigt die Chronik. Es dürfte also nichts geworden sein mit der Seidenspinnerei in Tirol!

*

Wer heute einen Kanarienvogel haben will, der liebliche Töne von sich gibt, geht in eine Tierhandlung.

Früher gab es dafür den Kanarienzüchter-Verein. Seine Gründung erfolgte im Jahr 1914, er löste sich wahrscheinlich als Folge der Kriegswirren aber auf und wurde 1922 als Neugründung „Verein Edelroller" aktiviert. Die Verbandsausstellung aller gezüchteter Kanarienvogerln im Gasthof „Breinössl" dürfte damals – 1926 – zweifellos ein Erlebnis gewesen sein. Danach verliert sich jedoch die Spur des Vereins. Ob es heute noch einen solchen gibt? Fest steht, daß es noch so manchen Innsbrucker gibt, der einen Vogel hat – ob Kanari oder nicht, sei dahingestellt.

*

Die zunehmende Technisierung gab den Ausschlag, daß im April 1882 ein „Technischer Klub" gegründet wurde. Es dürfte sich dabei eher um einen geselligen Verein gehandelt haben, denn aus den Annalen geht hervor, daß man am 22. Mai 1886 einen Mai-Ausflug nach Kirchbichl gemacht, ein Jahr später den Haller Salzberg und 1902 die städtischen Sillwerke besucht habe. Eine Exkursion mit

Betriebsbesichtigung bei der Wiltener Firma Melzer & Co sowie eine rauschende Bestandsaufnahmefeier zum 20. Jahrestag des Vereins waren weitere Höhepunkte des Vereinslebens. Als man sich aber 1907 mit dem Verband der Ingenieure zusammenschloß, waren die Tage des Klubs leider gezählt.

*

Was heute Seniorenvereine und -bünde sind, dürften damals die Veteranen-Vereine gewesen sein. Ein solcher wurde 1839 in Innsbruck gegründet. Aus den Vereinssatzungen geht hervor, daß mit einer Stiftung verfügt wurde, alljährlich eine Seelenmesse für gefallene Landesverteidiger zu lesen. 1874 befanden die Veteranen, den Verein völlig umorganisieren zu müssen. Sie gründeten kurzerhand einen neuen. Ob die Seelenmesse noch gelesen wird, läßt sich nicht eruieren. Man weihte jedenfalls ein kunstvoll besticktes Fahnenband, heftete dieses an den Schaft der Vereinsfahne und widmete es dem Kronprinzen Rudolf.

Die Mitglieder des Vereins machten Vorschläge für Gedenktafeln an frühere große historische Ereignisse, man überdachte die Neu-Organisation der Invalidenvereine, inspizierte Ende Oktober 1884 eine „Blessierten-Transportkolonne" und dachte an eine Gedenkfeier für den Volderer Freiheitshelden Anton Reinisch, genannt der „Senseler". 1888 fand der Vereinsvorstand, es sei an der Zeit, den Verein wieder einmal neu zu organisieren, was sichtlich gelungen ist, denn 1890, nach der Enthüllung des Kriegerdenkmals in Scharnitz, schritt der Verein zur großen „Vereins-Jubelfeier".

Fahnenweihen, Gedenktafel-Einweihungen und stimmungsvolle Feste beweisen, daß die Veteranen äußerst aktive und muntere Herren waren. Doch wie es nach 1918 weiterging, ist nicht überliefert, vielleicht hatte man da ganz andere Sorgen.

1909 – Hundertjahr-Feier der Kämpfe am Berg Isel. Die Innsbrucker zelebrierten ein würdiges Fest, eines, das sogar der Kaiser persönlich besuchte. Von jedem Regiment der k. k. Armee war eine Abordnung nach Innsbruck abkommandiert worden. Besucher kamen aus nah und fern, an die Musikkapellen und Schützenkompanien erging der Aufruf zur Teilnahme.

Doch es gab ein Problem. Man hatte Mühe, die Teilnehmer des großen Festzugs in stilechte Trachten zu kleiden. Dabei bestand seit 1898 ein Verein zur Wiederbelebung der Volkstrachten, und in Innsbruck werkte und wirkte das „Volkstrachtenkomitee", in dessen Gefolge 1902 der Gebirgs- und Schuhplattlerverein „Die Inntaler" entstanden war, ab 1908 folgte der „Tiroler Volkstrachten-Erhaltungs- und Schuhplattlerverein". Ein großes Gebirgs-Trachtenfest mit prächtigem Umzug durch Innsbrucks Innenstadt im Jahr 1910 und die Wiederholung des Spektakels ein Jahr später bewiesen, daß es um die Erhaltung der Tracht so schlecht nicht bestellt war.

Im Jahr 1927 wurde man etwas amtlich, denn die Vereinigung erhielt offiziell die Bezeichnung „Landesverband der Heimatvereine für Tirol und Vorarlberg".

*

Im Jahr 1928 staunten die Innsbrucker, als der neugegründete Trachtenverein „Die Sprugger" sein Gründungsfest gab mit gemeinsamem Kirchgang, bei dem alle Teilnehmer alte Kostüme beziehungsweise Trachten trugen.

Trachtenvereine gibt es heute natürlich auch. Das Vereinsleben hat sich modernisiert, und es ist sicher erlaubt, daß der jugendliche Nachwuchs das Schuhplatteln auch in Jeans erlernt. Allerdings, wenn es Auftritte gibt, zieht man die „Lederne" an, und die Dirndln bügeln die Trachtenblusen und schnüren das Mieder, wie es sich gehört.

Immer wieder hat man versucht, die überlieferte Tracht zu erhalten. Es gab und gibt Trachtenspezialistinnen, die moderne, bügelleichte Fasern vehement ablehnen und auf reinem Leinen bestehen. Stickerei, Samtbesatz, Schnürbänder, Hafteln müssen dem historischen Vorbild entsprechen, wobei nur kleine individuelle Abweichungen gestattet sind. Eine den modernen Zeiten entsprechende Aktualisierung der historischen Trachten erfolgte in den Jahren zwischen den beiden Weltkriegen. Was Trachtenvereine, Schützenkompanien und Musikkapellen heute tragen, sind die von Gertrud Pesendorfer erneuerten Trachten.

Früher bestand ein Trageverbot für Armbanduhren, die Haare der Mädchen sollten nach Tunlichkeit lang gewachsen sein, damit man Zöpfe flechten konnte. Der Sage nach gab es in der Tiroler Landesregierung einen Herrn, der sich sogar mit der Unterwäsche der Tänzerinnen befaßt haben soll. Das Unterzeug mußte weiß sein: lange weiße Strümpfe (Strumpfhosen gab es zu seiner Zeit noch nicht), bis zum Knie reichende weiße Hose, weißer Unterrock, der nicht so weit sein durfte wie der Rock der Tracht. Drehte sich die Tänzerin, sollte ein schmaler Unterrock, einer Art Röhre gleich, die Beine jedenfalls bis zum Knie verhüllen. Die Vorstellungen des sittlich gefestigten Herrn dürften sich, wenn sie überhaupt je gestimmt haben sollten, nicht erfüllt haben.

Auch das Tragen von Trachten unterliegt immer wieder modischen Strömungen. Zur Zeit ist die echte Tracht weniger gefragt. Noch vor einigen Jahren stand die Tracht in hoher Mode, selbst in der Oper und zum Besuch der Symphoniekonzerte trugen die Damen mit Stolz ihre teilweise selbstgenähten Trachten.

*

Ob die Innsbrucker früher frommer waren als heutzutag', mag dahingestellt sein. Es gab jedenfalls eine Reihe von christlichen „Bruderschaften", die teils karitativ wirkten, teils kraft der Intensität ihrer Gebete vom Himmel Hilfe in verschiedenen Problemen erhofften. Aufgabe dieser Bruderschaften schien auch gewesen zu sein, für Leute zu beten oder Messen zu stiften, die auf ungewöhnliche Weise ums Leben gekommen waren. So hielt man am 10. Juni 1872 einen Trauer-Gottesdienst für die verstorbene Erzherzogin Sophie, die Mutter Kaiser Franz Josephs ab. Man widmete dem in Queretaro erschossenen Kaiser Maximilian v. Mexiko ein Requiem. Die Bruderschaften pilgerten anno 1868 zu einem angeblich Tränen vergießenden Muttergottesbild auf den Spitalsfriedhof, der sich dort befand, wo später der Adolf-Pichler-Platz angelegt wurde.

Eine Riesenprozession, an deren Zustandekommen die Innsbrucker Bruderschaften maßgeblich beteiligt gewesen waren, zog am 25. Oktober 1874 mit 30.000 Menschen zur Innsbrucker Servitenkirche. Die Behörden, die solchen Auftrieb als „Tumult" und „Götzendienst" ansahen, fanden, es sei übertrieben, daß man die Krönung Mariens derart aufbausche.

Bruderschaften kümmerten sich um Weihnachts- und Fastenkrippen und sorgten dafür, daß Feste einen würdigen Verlauf nahmen. Sie entstanden und lösten sich wieder auf, möglicherweise fanden manche Mitglieder das Wesen und die Aufgaben der Bruderschaft eher langweilig, aber damals, im Innsbruck von vorgestern und gestern, spielten sie eine nicht zu unterschätzende Rolle und waren daher gesellschaftlich geachtet und anerkannt.

Dienstmädchenvereine, die den Hausgehilfinnen an ihren freien Nachmittagen die Möglichkeit zu geselligem Beisammensein boten, Vereine für junge Berufstätige, wie die Gesellenvereine, die Adolf Kolping gegründet hatte, Vereine wie die „Vinzenz-Konferenzen", die soziale Not lindern halfen, aber auch Ritterbünde, Sportvereine, Bergsteigervereine, Spar- und Vorschuß-Vereine, politische Vereine, Vereine zur Förderung der deutschen Sprache im Alltag, Schachklubs und Kartenspielvereine – die Reihe ließe sich unendlich fortsetzen.

War man früher geselliger?

Diese Frage ist schwer zu beantworten, denn es gab weit weniger Möglichkeiten zur Freizeitgestaltung als heute – abgesehen davon, daß es auch weniger Freizeit gab; man arbeitete wesentlich länger als heutzutage, allerdings – zum Trost für gehetzte Zeitgenossen sei auch das gesagt – ließ man sich dabei mehr Zeit!

Als man noch ins Kino ging ...

Kino war immer ein relativ preiswertes Vergnügen. Waren die Zeiten noch so schlecht, der Verdienst noch so gering, eine Kinokarte blieb erschwinglich, und manche Kinogänger von damals erinnern sich, daß man bereits um drei Schilling und fünfzig Groschen eine Karte bekam – allerdings in den ersten bis dritten Reihen, die im Volksjargon „Rasiersitze" hießen, weil man sich weit zurückbeugen mußte, um halbwegs Blick auf die Leinwand zu haben.

WIE ES IN INNSBRUCK MIT DEM KINO ANFING

Die Innsbrucker Chronik weist aus, daß am 2. Mai 1746 Signore Emmanuel di Sallazar in Innsbruck mit Vorführungen von „Schatten-Burlesken" erfreute. Etwas später, im Juli 1846 produzierte ein Herr Oberhofer aus Wien in einem Saal der Innsbrucker Universität sogenannte „Nebelbilder". Was immer das gewesen sein mochte, mit etwas Phantasie könnte man sie als Vorläufer des Kinos ansehen.

Ernst wurde es am 6. November 1886, denn da wurden erstmals „Lebende Photographien" vorgeführt. Am 10. Juli 1902 gastierte ein „Edison-Theater" im Adambräu, ein Jahr später dauerte ein Gastspiel von Bläsers Kinematograph genau eine halbe Stunde – ein sensationeller Fortschritt.

Die technische Entwicklung ging unaufhörlich voran. Am 1. September 1907 kam Herr L. Praiß aus Genf angereist und installierte im Gasthof „Grauer Bär" in der Universitätsstraße einen „Großen Kinematographen". Leider nicht für längere Zeit.

Das erste feststehende, permanent bespielte Kino eröffnete im Jahr 1908 der Cafetier Ludwig Lehner im Stöcklgebäude seines Cafés am Bozner Platz, der damals noch Margarethenplatz hieß, während die heutige Wilhelm-Greil-Straße die Karlstraße war. Herr Lehner nahm die Kinogeschichte ernst und unterzog sich allwöchentlich der Mühe, mit dem Zug länger als zehn Stunden nach Wien zu zuckeln, um sich bei der schon damals existierenden Sascha-Film, die einem Herrn Sascha Kolowrat gehörte, die neuesten Filme zu besorgen, die er dann in seinem Etablissement vorführte. Es waren Stummfilme, Titel wie „Der Fluch des Wilderers" oder „Der Traum des Matrosen", aber auch „Tod auf hoher See", „Der Schwur des Huronenhäuptlings" und „Die verlassene Förstersbraut" begeisterten das Publikum. Die ersten „sprechenden und singenden" Filme kamen 1913 nach Innsbruck.

Die Obrigkeit nahm die Sache mit dem Kino sehr ernst und prüfte gewissenhaft, ob man den Leuten derlei Lustbarkeiten zumuten dürfe und ob Moral, Sitte und Anstand wohl nicht verletzt würden. Die Kommission dürfte zu streng vorgegangen sein, denn im Jänner 1919 hagelte es bittere Beschwerden gegen die überängstliche Filmzensur der Statthalterei.

In Innsbruck bestanden bereits das „Triumphkino" und das „Zentralkino", beide in der Maria-Theresien-Straße. Überm Inn, in Hötting, flimmerte es im „Löwenkino", von manchen Leuten etwas geringschätzig als „Flohkino" abgetan. Doch die große Zeit des Kinos sollte noch kommen.

In der Wilhelm-Greil-Straße öffnete das „Rettungskino" seine Pforten, genannt nach der Rettung, die im selben Haus untergebracht war. Ein Gemälde des Innsbrucker Kunstmalers Hans Zötsch an der Fassade, den barmherzigen Samariter darstellend, erinnert heute noch daran. Offiziell hieß das Kino „Kammer-Lichtspiele".

In der Pradler Gumppstraße entstand im Zug der Neubauten für die Südtiroler Umsiedler das nach dem Zwergenkönig benannte „Laurinkino", ein großes, im damals aktuellen rustikalen Stil mit schweren Holzbalken und Schmiedeeisen gestaltetes Kino. Der Maler Sepp Ringel schuf gewaltige Gemälde vom Helden Dietrich von Bern, der mit martialischer Miene aus seiner schweren Rüstung auf den boshaft dreinblickenden Zwergenkönig blickt. Die Filme waren nicht so martialisch, aber traurig. Junge Frauen, wie die schöne, blonde Kristina Söderbaum, ertranken im Meer oder gingen in ein anderes Gewässer, um dort zu sterben. Liebestragödien wechselten mit anderen dramatischen Darstellungen ab. Wenn im Streifen „Wen die Götter lieben" der junge Hans Holt als Mozart sterbend auf weißen Kissen lag, während Gattin Konstanze weinend zusammenbrach und draußen vor der Tür die Schüler des Meisters bereits komponierte Teile des Requiems sangen, schluchzte alles im Saal. Tränenblind wankten die Besucher ins Freie, wo der Alltag wieder begann, der damals, in den vierziger Jahren und danach, schwer genug war.

In der Dreiheiligenstraße gab es mit dem „Kolping-Kino" das erste Nonstopkino, das besonders von der Jugend frequentiert war, denn die Filme waren jugendfrei. In Mühlau entstand das „Koreth-Kino", ein Musentempel, der Filme wieder aufführte, die anderswo bereits vom Spielplan genommen waren. Wer sie damals versäumt hatte oder sich vielleicht an einen besonders schönen Film erinnerte, den er unbedingt noch einmal sehen wollte, wurde dort zum Stammgast.

Das „Metropol-Kino" entstand überm Inn im Stadtteil St. Nikolaus. In der westlichen Anichstraße gab es das „Leo-Kino", und in der südlichen Maria-Theresien-Straße entstand das „Nonstop-Kino", das auch später noch so hieß, als man längst normale Spielfilme zeigte.

Allen Kinos ging es wirtschaftlich gut. Wenn zu Festtagen besondere Filme gezeigt wurden, besorgte man sich Karten im Vorverkauf. Man schickte meist die Kinder. Unter anderem auch im glasüberdachten Lichthof des „Zentralkinos" in der Maria-Theresien-Straße bildeten sich Warteschlangen. Man bangte und war enttäuscht, wenn über eine bestimmte Platzkategorie die Klappe „Ausverkauft" fiel, was bedeutete, daß man tiefer in die Geldtasche greifen würde müssen.

Die Kinobesitzer dekorierten ihre Illusionstempel mit Riesenplakaten, wo in grellen Farben die dramatischen Szenen des Films dargestellt waren. Man bekam Gusto, und wenn John Wayne mit tief in die Stirn gezogenem Cowboyhut über einem grimmig entschlossenen Gesicht auf feurigem Mustang ins Abendrot ritt, durfte man sich auf einen edlen Western freuen. Maria Schell und Dieter Borsche in glühendem Kuß aneinandergeschmiegt, O. W. Fischer als düster vor sich hin blickender, bereits halbirrer Bayernkönig Ludwig II. oder die süße, blutjunge Romy Schneider als Kaiserin Sissy – darauf freuten sich die Leute.

Die Kinos hatten gute Zeiten. Fernsehen war noch nicht erfunden oder steckte bestenfalls in den Kinderschuhen. Kino war unkompliziert, man brauchte sich nicht weiß Gott wie anzuziehen, obwohl manche Leute das sehr wohl für wichtig fanden, es könnte ja sein, daß man – danach – noch irgendwo einkehrte. Kino war preiswert, und fast jeder konnte sich dieses Vergnügen leisten.

Nach den deutschen Filmen der UfA kamen nach dem Krieg englische, amerikanische, französische und sogar russische Filme. Zum ersten Mal erlebten Kinder die Abenteuer der schönen „Wassilissa", die von der bösen Hexe gnadenlos verfolgt wurde, bis endlich, spät, aber immerhin gerade noch rechtzeitig, der Prinz auf feurigem Schimmel dahersprengte und allem Leid ein Ende bereitete.

Mit den italienischen Filmen bekamen Herren, die sonst nie in ein Kino zu bringen waren, Lust auf Kino. Die rassige Silvana Mangano arbeitete in schwarzen, zerrissenen Strümpfen im Reisfeld und zeigte viel Busen. Gina Lollobrigida verführte mit lockenden Kirschenaugen leichtfertige Männer, und Sophia Loren zeigte nicht nur Figur, sondern auch schauspielerisches Können.

Und weil schon 1919 eine gestrenge Filmzensur über die Moral der Bürger wachte, setzte nach 1945 die Filmkommission diese fort. Jugendfrei war ein Film sehr selten, und einer der gewissenhaftesten Filmkritiker, der Innsbrucker Professor Dr. Alfons Plankensteiner, warnte in seiner Radiosendung „Wir sprechen vom Film" die Zuhörer vor allzu leichtfertigem Kinokonsum. War ein Film „Ab 14", standen die Backfische, wie die Teenager damals hießen, Schlange. Man sehnte den 18. Geburtstag glühend herbei, denn ab da war es erlaubt, auch ins „Erwachsenenkino" zu gehen.

Wenn heute die Filme dieser Zeiten am Samstag Nachmittag im Fernsehen – für alle Zuseher zugänglich – gezeigt werden, ist es nicht mehr dasselbe. Der dunkle Kinosaal, die Billeteurin mit der Perolinspritze, die eine Art Latschenkieferöl als Luftverbesserer versprühte, das Rascheln, wenn man eine schwarze oder weiße Pfefferminzrolle öffnete, die ersten Seufzer, wenn ein hartes Schicksal über die Darsteller hereinbrach, Schreie und hastiges Greifen nach des Nachbars Hand, wenn der finstere Mörder mit blitzender Klinge oder schußbereitem Revolver zum Äußersten entschlossen aus dem Dunkel der Gasse auftauchte – das war halt echtes Erleben! Wenn man mit dem Tanzstundenflirt im Kino saß und fand, daß seine Küsse etwas feucht waren, wenn man eineinhalb Stunden lang dem Alltag mit Schule, Beruf, Familie oder was immer entrinnen und nach dem Film beruhigt feststellen durfte, so schlecht geht es einem ja doch nicht. Man denke nur …

Es gab Sternstunden des Kinos, etwa wenn Clark Gable die widerspenstige Vivian Leigh in „Vom Winde verweht" zähmte oder die legendäre Annie Rosar als Magd Teta im „Veruntreuten Himmel" einsehen mußte, daß man sich die Seligkeit nicht erkaufen kann. Ältere Innsbrucker erinnern sich heute noch daran, und

Abb. 34. Kinoplakat aus den fünfziger Jahren des 20. Jahrhunderts.

wenn heute in einem Kino ein Supermarkt, in einem anderen ein Lager oder ein Versammlungsraum einer religiösen Gemeinschaft untergebracht ist, wird man ein wenig wehmütig beim Erinnern an damals, als es in Innsbruck noch so viele Kinos gab. Die modernen Tempel mögen technisch perfekt und viel schöner und komfortabler ausgestattet sein als die Kinos damals, den Zauber des alten Kinos vermitteln sie nicht mehr.

Unheimliches von Geistern, Gespenstern und vergrabenen Schätzen

Dieses Kapitel muß mit äußerster Vorsicht behandelt werden, denn noch nie hat – zumindest in jüngerer Zeit – ein Mensch glaubwürdig beweisen können, einen Geist mit eigenen Augen gesehen oder gar mit ihm ein Gespräch geführt zu haben. Trotzdem, eine Reihe absolut ernst zu nehmender Leute wissen von umherirrenden Geistern oder kennen jemanden, der das Phänomen tatsächlich erlebt und sich ob dieses Ereignisses angstschlotternd unter die Tuchent verkrochen hat.

*

Da soll im ehemaligen „Adambräu" in der Innsbrucker Adamgasse im Ansitz Windegg-Stachelburg, wo sich Wohnung und Büro des damaligen Brauereibesitzers befanden, ein Geist sein Unwesen treiben. Das Gebäude, das im Kern aus dem 16. Jahrhundert stammt und um 1730 durch An- und Ausbauten seine heutige Form erhalten hat, ist das Zuhause des Gespenstes, das – wie eine alte Dame, die wiederum eine ehemalige Angestellte der Brauerei ge-

kannt hat, behauptet – immer dann, wenn es dem Unternehmen in irgendeiner Art und Weise schlecht geht, auftritt. Seufzend und Kälte um sich verbreitend soll die weißlich-hellgraue Gestalt durch die Räume schweben und auf das bevorstehende Unheil allein durch ihr Auftreten hinweisen. Nachdem es das „Adambräu" in der ursprünglichen Form heute nicht mehr gibt, könnte auch die Mission des Gespenstes zu Ende sein.

*

Abb. 35. Der „Adambräu-Geist.

Auch im Innsbrucker Stadtturm treibt ein Geist sein Unwesen. Es geht die Rede, manchem Turmbesteiger zeige sich ein Mann in mittelalterlicher Tracht, der mit unendlich traurigem Gesicht auf die Besucher blicke. Er löse sich aus dem Mauerwerk und verschwinde in diesem wieder spurlos. Er spreche nicht, er seufze nicht, er klirre auch nicht mit Ketten, sondern schaue nur traurig. Natürlich gibt es auch eine Erklärung. Angeblich soll es sich um einen ehemaligen Türmer handeln, der nachts anstatt zu wachen, eingeschlafen sein und deshalb eine ausbrechende Feuerbrunst übersehen haben soll.

Anscheinend hat der Himmel früher säumige städtische Angestellte viel schwerer bestraft als das heute der Fall ist, wo es Versicherungen gibt, die entstandenen Schaden abdecken oder in Form einer Amtshaftungsversicherung dem Wachhabenden ersparen, sich später als Geist aus irgendwelchem Mauerwerk lösen zu müssen.

Für die Vermarktung des Geistes, der zweifellos ein starker Werbeträger sein könnte, gibt es allerdings zuwenig Hinweise auf ihn. Selbst der Plan des Tourismusverbandes, einen Studenten oder

Schauspieler zu engagieren, der den Geist spielt, wird an dem Umstand scheitern, daß es auch sehr schlanken Leuten beim besten Willen nicht möglich sein wird, einfach im Mauerwerk zu verschwinden.

*

Jedem Innsbrucker ist das „Kasermandl" auf der Umbrückler Alm, die es inzwischen ja auch nicht mehr gibt, ein Begriff. Es sitzt auf dem langen Stiel einer Pfanne, in der ein Mus kocht, und rührt mit seinem Fuß selbiges um. Wer neugierig ist und ihm zusehen möchte, wird bestraft, indem er vom Mandl mit Ruß beschmiert wird.

So berichtet es jedenfalls das Lied von Josef Pöll, das erst durch die Sängervereinigung „Wolkensteiner" und dann durch die „Mühlauer Sänger" populär wurde. Kasermandln sind die Geister ehemaliger Almsenner, die zu Lebzeiten wertvolle Lebensmittel wie Milch, Butter, Käse und Mehl veruntreut haben und nun dazu verurteilt sind, als Geist alles zusammenzubringen, was einst verlorengegangen ist. Mitleidige Sennerinnen oder geisterglaubiges Almpersonal hinterlassen zu Ende der Almzeit vor dem Abfahren ins Tal einige Lebensmittel für das Kasermandl, damit sich seine Leidenszeit als Gespenst etwas verkürzen möge.

Abb. 36. Das „Kasermandl".

Wo das „Kasermandl" jetzt lebt, ist ungewiß. Ob es auf die Höttinger Alm übersiedelt ist oder auf der Rumer oder Arzler Alm haust, ist unbekannt. Es könnte jedoch auch der Fall eingetreten sein, daß es inzwischen seine einstigen Vergehen abgebüßt hat und sich nun der ewigen Seligkeit erfreut. – Wer weiß das schon so genau?

Abb. 37. Die „Wilde Jagd".

Von einer Jagd der wilden Geister durch die Sillgasse berichtet Karl Paulin in den „Sagen aus Tirol". Da soll einmal ein junges Mädchen – wann das war, ist nicht festgehalten – in der Nacht wegen eines entsetzlichen Lärms und Getöses aufgewacht sein. Die junge Dame wohnte in der Sillgasse, und als sie durchs Fenster auf die Straße hinuntersah, stockte ihr der Atem. Die Wilde Jagd tobte in voller Fahrt durch die Gasse, es wimmelte von Jägern und aufgeregt heulenden Hunden, Treiber jagten mit Spießen unter lautem „Hussah und Höhauf" in Richtung Süden, es war ein Lärm, ein hektisches Hufegetrappel von Pferden, die mit Schaum vor dem Maul unruhig sprangen. Ein schreckliches Gejaule und Gejohle begleiteten den unheimlichen Zug, der plötzlich – wie vom Wind verweht oder vom Boden verschluckt – nicht mehr zu sehen war. Das total verschreckte Fräulein behauptete, sie hätte diese schreckliche Gesellschaft nicht zum ersten Mal erlebt, es sei einfach schaurig gewesen, gestand sie ihrem Beichtvater, einem alten Hochwürden aus dem nahen Kapuzinerkloster. Nachdem Beichtväter nicht nur beharrlich schweigen müssen, sondern auch die Eigenschaft des milden Verzeihens und gütigen Verstehens besitzen, wird man die Geschichte glauben müssen, wie sie berichtet wurde, denn widersprochen hat auch keiner.

*

Die „Weiherburg", das hübsche Schlößchen nahe dem Alpenzoo, soll – so die Legende – einen im Keller vergrabenen Schatz besitzen. Darunter befände sich auch ein aus purem Gold gefertigtes Kalb. Wer den Schatz dort vergraben hat? Man weiß es nicht. Inzwischen ist das Anwesen im Besitz der Stadt, und man hat nicht nur gründlich renoviert und restauriert, sondern auch saniert. Da hätte so etwas auffallen müssen, und – wie immer – die Stadtkasse hätte sich über diesen Fund ganz bestimmt gefreut.

*

Eine andere Legende berichtet, daß sich in der Schloßkapelle von Zeit zu Zeit eine seltsame Geschichte zuträgt. Ein wunderschönes, junges Edelfräulein mit langen blonden Zöpfen, gekleidet in ein lichtblaues Seidenkleid, kniet, in inbrünstige Gebete versunken, in der ersten Bank der Betstühle. Nach einer Weile bekreuzigt es sich, steht auf, nimmt vom Altar einen der silbernen Leuchter und verschwindet in einer vermauerten Tür, die sich geheimnisvoll leise öffnet und dann wieder schließt. Es sind danach keine Spuren zu entdecken, die auf das Vorhandensein dieser Tür hinweisen.

*

Abb. 38. Herrn Langenmantels Geist.

Wie man weiß, war einer der Besitzer der Weiherburg Herr Veit Langenmantel. Nach ihm ist der „Langenmantel-Saal" benannt, der heute Repräsentationszwecken dient. Im Jahr 1569 verkaufte besagter Herr Langenmantel seine Weiherburg an die Mutter der schönen Philippine Welserin. Frau Loxan, die Tante von Philippine, sollte in dem Gemäuer ihr Zuhause finden. Angeblich soll Herr Langenmantel Frau Welser bei diesem Kauf gewaltig übers Ohr gehauen haben, was seine Folgen hatte. Das Schicksal wollte, daß Herr Veit nach seinem Tod geistern mußte. Die Legende berichtet, man hätte

ihn gesehen, wie er bleich und von Unruhe getrieben durch die Räume der Burg geschritten sei, in alten Truhen und Kästen gewühlt habe, um die einstigen Kaufdokumente zu finden, die seinen Betrug ausweisen. Erst mit dem Klang der Morgenglocken verschwinde die unheimliche, in schwarze Gewänder gekleidete Gestalt.

Herr Langenmantel wird bestimmt nicht mehr geistern, denn die Weiherburg hat seither viele Male ihren Besitzer gewechselt. Derzeit gehört sie – wie schon erwähnt – der Stadt Innsbruck, und mit dieser schließt keiner unredliche Verträge ab. Feste, die man heute in der Weiherburg feiert, gehen völlig ungestört über die Bühne.

Abb. 39. Das „Biennerweibele".

*

Über den unglücklichen Kanzler Bienner, der Opfer eines Justizmordes geworden ist, kann in einem anderen Kapitel nachgelesen werden. Da ist auch festgehalten, daß seine Gattin Elisabeth ob der schrecklichen Geschehnisse dem Wahnsinn verfallen sei. Wie dem immer auch sei, die Legende weiß zu berichten, Frau Elisabeth habe nach ihrem Tod nicht zur Ruhe finden können. Das „Biennerweibele" zeigte sich den nachmaligen Besitzern und Bewohnern von Schloß Büchsenhausen als in die Tracht der damaligen Zeit gekleidetes Gespenst. Das Auftauchen des „Biennerweibele" bedeutete angeblich, daß ein Bewohner des Schlosses, vorzugsweise ein Mitglied der Besitzerfamilie, sterben werde.

Irgendwann einmal wurde im Schloß ein Fest gefeiert. Leider ohne Schloßherrin, denn die lag krank im Bett. Um Mitternacht öffnete sich langsam die Tür des Krankenzimmers. In dunklem Trauerkleid mit kleiner weißer Halskrause und kunstvoll gelegtem weißem Häubchen stand das „Biennerweibele" vor der Kranken und winkte ihr zu.

Die Schloßfrau bewahrte trotz ihrer Krankheit die Nerven und bedeutete dem Geist, daß das Fest unten im Schloß noch im Gang sei und man mit dem Sterben bis zum Ende desselben warten möge. So geschah es. Als aber die Bedienten nach dem Fest wieder alles verräumten, entdeckten sie die inzwischen verstorbene Schloßherrin in ihrem Bett mit einem friedlichen Lächeln auf den fahlen Lippen.

*

In der Höttinger Schneeburggasse gibt es, heute die Hausnummer 15–17, den stattlichen Ansitz Lichtenthurn, früher im Volksmund einfach „Schneeburgschlößl" genannt. Dort geisterte früher einmal ein unheimlicher Ritter in schwarzer Rüstung. An seiner Seite trug er ein langes Schwert, und seine Aufgabe als Geist war, einen Schatz zu behüten. Schweren Tritts, die eisernen Schuhe seiner Rüstung haben allein ein gewaltiges Gewicht, mit ächzenden Scharnieren und klirrendem Kettenhemd stapft er durch das Haus und verbreitet Angst und Schrecken. Es waren mutige Höttinger, die sich eines Tages dranwagten, diesen Schatz zu heben. Auflage für die erfolgreiche Auffindung des Schatzes war völliges Schweigen. Mit zusammengepreßten Lippen machten sich die Höttinger, vier sollen es gewesen sein, an die Arbeit. Da stolperte einer und schlug sich den Kopf an, worauf er laut geflucht und „aschpelemuggen" ausgerufen habe. Da ertönte ein grausiges Klirren und Klingen, Rasseln und Poltern, und die Höttinger mußten

Abb. 40. Der Geist vom Schneeburgschlößl.

mit Entsetzen zusehen, wie die Kiste auf Nimmerwiedersehen im Boden versank.

*

In Mühlau steht der aus zwei Anwesen, Grabenstein und Rizol, gefügte Ansitz, der im Volksmund als „Sternbachschlößl" bekannt ist. Auch dort soll es geistern, wenn auch die heutige Besitzerfamilie Freiherr v. Liphart solches noch nicht erlebt hat. In der Morgendämmerung, kurz vor dem Betläuten, soll ein großer, kohlrabenschwarzer Hund ums Schloß und durch Hof und Garten streichen und bösartig knurren. Glühende Augen, die gar unheimlich aus seinem zottigen Fell leuchten, lassen den Zusehern, die ihn erleben, kalte Schauer über den Rücken fahren. Bei dem Hund soll es sich möglicherweise um den Geist eines ehemaligen Schloßbesitzers handeln, der wegen einer Untat als Hund Buße tun muß. Daß die Besitzer mit dieser Variante nicht unbedingt Freude hatten, ist verständlich, deshalb gibt es eine Gegendarstellung: Es sei nicht der Schloßherr, sondern ein ehemaliger Angestellter gewesen, der eine böse Tat begangen haben soll.

Abb. 41 Der Hund vom Sternbachschlößl.

*

Um die Geistergeschichten abzuschließen, muß unbedingt noch von jenen Gespenstern berichtet werden, die sowohl in der Mühlauer als auch in der Kranebitter Klamm ihr Unwesen treiben. Wanderer berichten – absolut glaubwürdig –, daß schuldbeladene Innsbrucker in der Kranebitter Klamm büßen müßten. Sie sammelten Kräuter und brauten daraus heilkräftige Arzneien, und wenn mutige Leute diese in Empfang nähmen, verschwänden selbst die hartnäckigsten Leiden sofort, und – eine erfreuliche Nebenerscheinung – der Geist sei erlöst.

*

Vom „Tatzlwurm" in der Mühlauer Klamm, der dort in einem grauslichen Loch hausen soll, berichtet das gleichnamige Lied. Ein schreckliches, drachenähnliches Untier sei es, das Mensch und Tier verschlinge und selbst dann, wenn es satt sei, Angst und Schauer verbreite. War es ein übriggebliebener Dinosaurier, ein Drache oder nur ein Fabelwesen, das Leute erfunden haben, um beim Wandern ihre Ruhe zu haben?

Man wird es nie erfahren, denn bei Sagen und Legenden ist das nun einmal so. Damit muß man leben, auch als aufgeklärter moderner Zeitgenosse. Aber so ein ganz klein wenig Geistergruseln und Spukschauer mögen auch Leute von heute.

Alt-Innsbrucker Originale

Kleine Städte sind ein guter Boden für Menschen, die ein wenig anders sind als die große Masse. Man kann sie Spinner nennen und wird ihnen unrecht tun. Sie sind eben etwas anders, haben ihre Eigenheiten und Macken, in Innsbruck sind das „Tappen", wobei allerdings nicht garantiert ist, ob diese Schreibweise korrekt ist.

Sie fallen niemandem zur Last, sie stehen nicht herum und betteln, sie sind ganz bestimmt weder Asoziale oder gar zweifelhafte Elemente.

In den allermeisten Fällen sind es Menschen, die ein schwerer Schicksalsschlag aus der Bahn geworfen haben mag, die sich aber ein neues Leben zurechtgezimmert haben, mit dem sie existieren können.

Sicher ist das ein etwas anderes Leben als das gemeinhin „bürgerlich" genannte. Was eigentlich keinen etwas angeht, möchte man meinen!

Die wahre Lebensgeschichte mancher Innsbrucker Originale, wie man sie nannte, ist weitgehend unbekannt geblieben. In manchen Fällen schlug die Phantasie gewaltige Wogen, wenn man etwa einem armen Teufel unterstellte, er sei nur sagenhaft geizig und besitze in Wahrheit stattliche Zinshäuser und ein beachtliches Vermögen. Das erstere ist nur zu oft genauso wenig richtig wie das letztere.

Irgendwann verschwindet der eine (oder die andere) aus dem Stadtbild – leise und ohne Aufhebens. Der Mensch, den man nicht mehr trifft, geht am Anfang eigentlich nicht ab, irgendwann aber fragt man sich: „Den sowieso habe ich schon ewig nicht mehr gesehen, lebt er überhaupt noch?" Man erfährt es nur selten, denn die wirklichen Namen der Originale sind nicht immer bekannt.

Originale werden in Innsbruck bedauerlicherweise immer seltener. Vielleicht hängt das damit zusammen, daß Innsbruck langsam zur anonymen Großstadt mutiert; oder ist unsere Zeit mit den Trends und Moden einer Fun- und Spaßgesellschaft nicht geeignet, Originale hervorzubringen? Gescheite Leute werden sich mit der Beantwortung dieser Frage nicht leicht tun.

An einige Originale, es sind längst nicht alle, sei im folgenden erinnert, und es kann sicher der Fall eintreten, daß man sich beim Lesen an einen Menschen oder eine Begebenheit erinnert und dabei sogar ein wenig schmunzelt.

DIE „HUAT-ANNA"

Man kannte sie nur unter diesem Namen: „Huat-Anna". Wie ihr wirklicher Name lautete, weiß man nicht. Ältere Pradler aber erinnern sich noch an sie. Eine hochgewachsene, hagere Frau mit eher scharfen Gesichtszügen, die immer im Bereich um die heutige Pradler Brücke, damals „Gaswerkbrücke" genannt, zu sehen war.

Abb. 42. Die
„Huat-Anna".

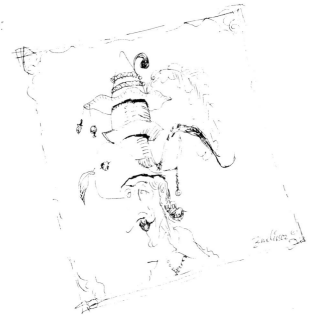

Ihre Eigenheit? Sie trug immer einen Hut, manchesmal deren zwei und an besonderen Tagen, aus welchem Grund immer, sogar drei, natürlich übereinandergestülpt. Alte, nicht mehr modische und schon gar nicht schöne Hüte waren es. Den Zenit der Eleganz hatten die Hüte der „Huat-Anna" längst überschritten. Waren es kleinere Exemplare, so nannte man solche im alten Innsbruck einen „Pinsch", und war der Hut entsprechend größer, sprach man von einem „Böller".

Die Anna besaß mehrere davon. Die Hüte waren mit Federn, Blumen, Quasten, Bändern und irgendwelchem Grün geschmückt. Immer etwas anders, wahrscheinlich je nach Verfassung ihrer Trägerin. An besonderen Tagen stand sie vor oder auf der Brücke und sang lauthals oder jodelte einfach.

Die Leute schmunzelten, man begrüßte sie und sagte: „Servus Anna, wie geht's denn heut' so?", und die Anna grüßte zurück und lächelte vieldeutig.

Wer sie war, wovon sie lebte, warum sie auf ihren Tick mit den Hüten kam, keiner weiß es. Irgendwann, es muß in den fünfziger Jahren gewesen sein, war die Anna aus Pradl verschwunden.

DER WLUPP

Bis in die späten sechziger, frühen siebziger Jahre konnten Besucher von Restaurants oder anderen Lokalen allabendlich einen kleinen, untersetzten Mann beobachten. Er trug stets eine altmodische Schildmütze, unterm Arm schleppte er, auf ein festes Brett gebunden, verschiedene Zeitungen, Illustrierte und Magazine. Er hatte einen Sprachfehler, man verstand ihn nur schwer oder überhaupt nicht. Seine unartikulierte Sprechweise trug ihm den Spitznamen der „Wlupp" ein. Er war stets freundlich, lächelte immerzu, und es gab wohl wirklich keinen Gast, der ihm nicht wenigstens eine Zeitung oder irgendwas als Gute-Nacht-Lektüre abkaufte. Man mochte ihn einfach und fand, der arme Teufel, der sich auf diese mühsame Weise sein Geld verdiente, müsse unterstützt werden. Er war fleißig und korrekt, und für beide Tugenden hatten die Innsbrucker schon immer etwas übrig.

Um den „Wlupp" kursierten wilde Gerüchte. Angeblich sei er steinreich, Besitzer mehrerer ertragreicher Zinshäuser und Inhaber eines stattlichen Bankkontos. Sprach ihn jemand daraufhin an, so lachte er übers ganze runde Gesicht, schüttelte den Kopf und gab einige unverständliche, aber sichtlich gutgemeinte Laute von sich. Mochte ja sein, daß er sich einen kleinen Heckpfennig beiseite gespart hat, aber reich, das war er ganz bestimmt nicht!

Eines Tages gab es ihn nicht mehr. Den Leuten ist er abgegangen. Ab und zu erinnert jemand an den „Wlupp". Weißt du noch, heißt es dann, wie der „Wlupp" mit seinem Zeitungsbrettl gekommen ist? Je nach Stimmung und fortgeschrittener Stunde erinnert man sich – lachend, wehmütig, nachdenklich – an das fleißige Mandl und seine Zeitungen. Irgendwie fehlt er im Innsbrucker Nachtleben.

DER OBST-STEIGEN-PEPI

Das war ganz bestimmt nicht sein richtiger Name, aber Kinder nannten ihn so, manchen Innsbruckern ist er überhaupt als namenloser Zeitgenosse in Erinnerung. Aber im Stadtbild war er eine nicht zu übersehende Erscheinung.

Man konnte erleben, wie er am Gepäckrost eines uralten Fahrrads wahre Pyramiden von übereinandergestapelten leeren Obst- und Gemüsesteigen festgebunden hatte. Der leicht schwankende Turm der Lattensteigen war eindrucksvoll. Wie er aber das Radl bestieg und die hoch aufragende Last gemessenen Tritts durch die Stadt kutschierte, registrierten die Leute mit Staunen. Er wußte genau, wie hoch der Steigenstapel sein durfte, er wußte, wie man ihn ordentlich verankerte und korrekt befestigte. Nicht einmal berichtete jemand, er habe den Mann mit seinem Rad infolge zu hoher Last stürzen gesehen. Mit an Artistik grenzender Sicherheit fuhr er langsam durch belebte Straßen. Autos oder Motorräder konnten ihn nicht hindern, er beherrschte die Situation total und perfekt! Was er mit den Steigen tat, weiß niemand. Wahrscheinlich zerlegte und verheizte er sie zu Hause. Möglich, daß er genügend Platz hatte, um einen entsprechenden Wintervorrat anzulegen – wie auch immer, eine Menge Geld, das er sonst fürs Heizen ausgeben hätte müssen, ersparte er sich bestimmt. Und die Geschäftsleute waren sicher nicht bös, daß er regelmäßig kam und die leeren Gebinde entsorgte – eine praktische Sache, die beiden Partnern Vorteile brachte.

Das dünne, ausgemergelte Mandl am Fahrrad war unbestimmten Alters. War er 50, 60 oder 70 Jahre? Man sah es ihm nicht an, er sah, so empfanden das zumindest die Innsbrucker, die ihn ob seiner Geschicklichkeit bewunderten, eigentlich immer gleich aus. Ab und zu rief ihm wer einen Gruß zu, den er knapp erwiderte. Wie er hieß, woher er kam, wohin er fuhr, das blieb den meisten unbekannt, und die anderen, so wird er sich gedacht haben, geht das sowieso nichts an.

DER „TOPF'N-LOTER"

Er war ein kleines, dürres Mandl, eher mürrisch und grantig, aber er war ständig unterwegs. Hinter sich zog er ein uraltes, klappriges Leiterwagerl, auf dem in mehreren Behältnissen getrennt Lumpen, Fetzen, Papier, alte Flaschen, Metall und was die Leute sonst noch weggeworfen haben, lagen. Er sammelte die Abfälle, sortierte sie und verkaufte das Altmaterial an irgendwelche Leute und Firmen, die es weiterverwerteten.

Er war knapp nach dem Zweiten Weltkrieg unterwegs und wurde meistens in den Stadtteilen Pradl und Wilten gesehen. Mit etwas Phantasie könnte man den alten Mann als ersten Umweltschützer oder Recyclingmanager bezeichnen. Das Leben war für ihn bestimmt nicht leicht, denn wer warf damals schon etwas weg? Noch steckte den Leuten die Not des Krieges in den Knochen. Bevor man einen Fetzen Textil wirklich wegwarf, konnte er vorher noch vielerlei Zwecken dienen. Was also der „Topfen-Loter" tatsächlich bekam, war wirklich, wie Innsbrucker sagen, unbrauchbares „Glumpert".

Niemand wußte, wie er wirklich hieß, keiner wußte, woher er kam, wo er wohnte, aber man fand ihn und sein Sammeln praktisch, denn bevor man etwas vielleicht noch Verwendbares in den Mistkübel stopfte, bekam es der „Topfen-Loter". Geschäftsleute spendierten ihm ab und zu ein Stück Brot, etwas Wurst oder auch einmal ein Bier, das dünne halt, das es damals gab. Er nahm das ohne viel Worte an, und damit hatte es sich. Er war weder ein Sandler noch ein Obdachloser, er war auch nicht arbeitsscheu, im Gegenteil, immerzu zog er das Wagerl mit den eisenbeschlagenen Rädern klappernd über die Straßen. Er wurde mit seiner Tätigkeit ganz bestimmt nicht reich, aber er dürfte, so nimmt man jedenfalls an, ein bescheidenes Auskommen gehabt haben.

Eines Tages verschwand er aus dem Stadtbild. Verzogen, gestorben? Man weiß es nicht. Aber den Hausfrauen ging er sicher ab, hatte man doch, wenn man altes Zeug dem „Topfen-Loter" gegeben hatte, zumindest das Gefühl, etwas nicht verschwendet und einem brauchbaren Zweck zugeführt zu haben.

Wenn heute Mülltonnen überquellen und sich die Abfälle auf den Sammelinseln zu gewaltigen Gebirgen türmen, denken manche alten Leute noch an die Zeit, als der alte Mann mit seinem fast am Auseinanderfallen gewesenen Handwagele unterwegs gewesen war.

DER „WOLFELE WILDE"

An der gegen Osten befindlichen Außenmauer der neuen Höttinger Kirche befinden sich stattliche Familiengräber. Eines davon gehört der Familie Pradler. Wer die marmornen Tafeln aufmerksam liest, entdeckt den Namen „Wolfele Wilde" und darüber den eigentlichen Namen „Josef Pradler".

Wie kommt ein ehrsamer Höttinger Bürger zu solch einem seltsam klingenden Übernamen? Die Geschichte handelt von einem eigentlich tragisch verlaufenen Leben.

Der junge Sepp Pradler, Sohn eines Kleinhäuslers in Hötting, war in die Tochter eines „habigen" Höttinger Bauern verliebt. Das „Nannele" dachte aber nicht im Traum daran, den armen Teufel zu heiraten. Sie ließ es sich zwar gefallen, daß er sie verehrte und ihr seine Zuneigung zeigte, mehr aber war nicht drin. Für den Sepp brach eine Welt zusammen, als er erfahren mußte, daß „sein Nannele" einen anderen heiraten wollte, einen, der noch dazu sein bester Freund war.

Liebeskummer allein ist schon eine böse Sache. Verraten, verspottet, lächerlich gemacht zu werden, ist eine andere, noch bösere. Für den jungen Mann war das ein Schock, und in seinem Kummer zog er in die Bergwelt der Nordkette, wo er in der Gufel am Gerschrofen in Gesellschaft von zwei Ziegen hauste. Er ernährte sich von Beeren, Wurzeln, Pilzen, Kräutern und natürlich Ziegenmilch. Mit sich und der Welt lag er im Streit, er wurde zum Menschenfeind, und über den Kummer, den ihn das „Nannele" bereitet hatte, kam er ein Leben lang nicht hinweg.

Der Sepp verwilderte zusehends. Mit langen, flatternden, inzwischen grau gewordenen Haaren und einem wüsten, verfilzten Bart entwickelte er sich zum Kinderschreck. In der Adventzeit stieg er manchesmal herunter nach Hötting, um in der alten Höttinger Kirche beim Rorate-Amt dabei zu sein. Er stand ganz hinten neben der Tür und drückte sich, sobald das „Ite missa est" gesprochen war, still wieder hinaus. Ob er Geld bekam, ob ihm irgendwer Kleidung, Lebensmittel gab oder ihn irgendwie unterstützte – davon ist nichts bekannt. Sicher gab es Leute, die dem „Wolfele Wilde", wie er inzwischen hieß, etwas zukommen ließen.

Irgendwann, es war Winter, ging er den Leuten ab. Zwei Burschen stiegen zum Gerschrofen auf und hörten schon von weitem das Gemecker der inzwischen fast verhungerten und verdursteten beiden Ziegen. Sie kümmerten sich zuerst einmal um die Tiere und machten sich dann auf die Suche nach dem Wolfele. Sie fanden ihn, erfroren und mit Schnee bedeckt.

Der „Wolfele Wilde" war damals, man zählte das Jahr 1894, bereits 75 Jahre alt.

Im Gedächtnis ist der Josef Pradler den Menschen lang geblieben. Wer geht schon aus verschmähter Liebe als Einsiedler auf den Gerschrofen? Sehr fromm, wie es die echten Einsiedler zumeist sind, dürfte Wolfele nicht eben gewesen sein. Der Liebeskummer, der ihn sein Leben lang belastete, hätte irgendwann auch einmal vorbei sein müssen. Wer aber vermag es, in einen Menschen hineinzusehen? Psychologen würden das Verhalten des Wolfele heute vielleicht als Trotzreaktion oder als unbewältigtes Trauma bezeichnen und, sofern der Wolfele mit sich reden ließe, endlose Gespräche führen, die auch nichts brächten. Zu seiner Zeit akzeptierte man sichtlich das Verhalten eines zutiefst enttäuschten Mannes und ließ ihn einfach so leben, wie er eben glaubte, leben zu müssen.

Abb. 43: Einzige Erinnerung an den Wolfele Wilde – die Marmortafel am Höttinger Friedhof.

DER „STAUDEN-GUSTL"

Alte Innsbrucker wissen noch, wer mit „Stauden-Gustl" gemeint ist. Der verwilderte, äußerlich völlig heruntergekommene Mann, der in der Sillschlucht in einer Höhle hauste, wurde auch „Bergisel-Gustl" genannt. Die Höhle lag ja am Fuß des Bergisel.

Er war, wie man heute sagt, das „schwarze Schaf" der angesehenen Innsbrucker Familie von Payr. Sein Handicap: Der Gustl sah gern und immer öfter viel zu tief ins Glasl und war dann für eine gutbürgerliche Familie in diesem Zustand nicht tragbar. Es ging die Rede, die v. Payrs hätten unter ihm gelitten und sich für sein Verhalten zu Tode geschämt.

Wie immer, die Chronik berichtet, daß der Gustl ein grundanständiger, guter Mensch gewesen sei, nur der Alkohol halt …

Er besaß eine uralte Zither, spielte das Instrument auch recht gut und beherrschte die Kunst, die Zither am Rücken zu halten und so „rückwärts" zu spielen, was schon etwas Besonderes war. Zudem war der Gustl, vielen auch als „Zither-Gustl" bekannt, ein Erzkomödiant. Er spielte mit zu Herzen gehender Mimik das Sterben des Sandwirts, wie er in Mantua unter den Kugeln zusammenbrach und das Leben aushauchte. Die besondere Zuneigung des Gustl besaßen die Kinder. Sie machten sich zwar immer wieder lustig, spotteten ihm nach, aber wenn der Gustl in seine gewaltige Rocktasche griff und Zuckerln hervorzauberte, war alles wieder gut. Die Kinder nahmen es eben hin, daß der Gustl anders war als die normalen Leute, und freuten sich über die Süßigkeiten.

Als 1938 Österreich nicht mehr existierte, versuchten die neuen Machthaber, den Gustl zu „sozialisieren". Er bekam neue Kleidung und sollte einer geregelten Arbeit nachgehen. Beides war nach seinem Geschmack jedoch nicht. Das „nuie Gwand" ließ er liegen, die speckige Lederhose, der längst räudig gewordene Janker und das verfilzte Hütl mit der zerzausten Feder waren ihm vertrauter. Auch mit der geregelten Arbeit wurde nichts.

Wenn es im Winter in seiner Höhle gar zu kalt war, schlief er in der Gepäckhalle der Stubaitalbahn. Keiner verjagte ihn, jeder kannte ihn, er war im Grund ein Stück Innsbruck, das von den Leuten einfach akzeptiert wurde.

Trotz seines wüsten Aussehens, tat er keinem Menschen etwas zuleide; gefährlich war er schon gar nicht. Er hatte – eine gute Kinderstube vergißt man auch in der Sillschluchthöhle nicht – gute Manieren.

Einer seiner Gönner, ein bekannter Innsbrucker Arzt und eingefleischter Anti-Alkoholiker, hatte in seiner Ordination eine Flasche Schnaps vorrätig – für den Gustl, wenn er auf Besuch kam. Zum Dank für das Schnapsl spielte er dem Doktor ein Stück auf der Zither vor. Manchesmal wurde auch daraus nichts, denn dem Instrument fehlten oft wichtige Saiten, der Gustl zog bedauernd die Schultern in die Höh', der Doktor schmunzelte und meinte: „Ein andermal, Gustl, wird's schon wieder gehen, das Zitherspiel!"

Den Gustl gibt es schon lang nicht mehr. Heute wäre er vielleicht ein „Asozialer", einer, den man auf die rechte Bahn zurückführen müßte, was nicht einmal den energischen Protagonisten des Dritten Reichs gelang.

Auch für Leute wie den Gustl war im Innsbruck der Vorkriegszeit Platz. Keiner rümpfte die Nase oder wich aus, wenn man ihn sah. Er gehörte zur Stadt wie die Nordkette oder – in seinem Fall – der Bergisel. Er lebte halt so, tat nichts Schlechtes, fiel keinem zur Last und war weit davon entfernt, auch nur annähernd in den Bereich des Anrüchigen zu geraten, kriminell war er schon überhaupt nicht.

Man ließ ihn leben, wie er leben wollte – und basta. Seine Familie wird das wahrscheinlich anders gesehen haben, aber Außenstehende sind nicht nur im Fall des „Stauden Gustl" oft toleranter als die eigenen Leute …

DER GEKRÄNKTE BAUMEISTER UND SEINE RACHE

Wer heute durch den westlichen Teil der Anichstraße geht, hat es meistens recht eilig. Entweder steht ein Kliniktermin oder ein Krankenbesuch auf dem Programm, oder man möchte einen Bus erreichen oder strebt gar der Universität zu. Wie immer, kaum ein Passant wird, wenn er am Haus mit der Nummer

42 vorbeieilt, nach oben blicken. Würde sich aber lohnen, so ein Blick, denn die Fassade dieses Hauses zeigt Merkwürdiges.

Masken mit bösen Fratzen gaffen in Richtung Nachbarhaus. Eine bleckt mit verzerrter Miene die Zunge heraus, das Ganze wirkt grotesk, komisch und ist für ein solides Bürgerhaus eigentlich – möchte man glauben – eine etwas seltsame künstlerische Gestaltung der Vorderfront.

Das Ganze hat natürlich eine Geschichte, und die reicht zurück ins Jahr 1898. Um die Jahrhundertwende erlebte Innsbruck einen wahren Bauboom. Ganze Straßenzeilen entstanden. In den Stadtteilen Wilten, Pradl, Saggen, aber auch in der Innenstadt, wurde gebaut. Die Häuser, mehrstöckige, solide Bürgerhäuser, entsprachen dem Stil der Zeit. Die Fassaden waren reich verziert, Fenster eindrucksvoll umrahmt, stattliche Portale, Säulen, Pfeiler, Pilaster und andere Zierelemente entnahm man den verschiedenen Stilepochen. Heute wird diese Architektur unter dem Titel „Heimatstil" eingeordnet.

Es war also das Jahr 1898. Der Innsbrucker Baumeister Josef Mayr hatte den Auftrag erhalten, in der westlichen Anichstraße ein Haus zu errichten, das später die Nummer 42 erhalten wird. Auch ein Nachbarhaus stand im Verbauungsplan, und keine Frage, Baumeister Mayr hätte auch gern Nummer 40 errichtet. Doch der Bauherr der späteren Nummer 40, Herr Hans Bereitter – er war übrigens gestrenger Pedell der nahen Univer-

Abb. 44-46. Nachbarschaft in der Anichstraße. Böse Fratzen gaffen zum Gegenüber.

Abb. 47. ... noch ein Beispiel nachbarschaftlicher Häme.

sität, hielt sichtlich nichts von den Fähigkeiten Herrn Mayrs und erteilte den Auftrag dessen Konkurrenten, dem Baumeister Josef Nigler.

Eigentlich hätte man meinen können, die Sache sei entschieden, Pech für Baumeister Mayr, ein anderes Mal würde es schon wieder klappen. Doch wie immer, der Meister war zutiefst getroffen. Wütend, enttäuscht, voll Groll und Grimm dachte er sich eine Rache aus, die ihresgleichen kein zweites Mal in solcher Art und Weise in Innsbruck zu finden sein sollte: Das Haus Nummer 42 war mehr oder weniger fertiggestellt und bezugsreif. Es fehlten noch schmückende Details. Die wurden auch angebracht, und zwar in Form böse aussehender, zungenzeigender Fratzen, die oberhalb der Fensterfronten allesamt bissig und finster zum Nachbarhaus Nummer 40 hinüberstarrten.

Die Innsbrucker lachten, dem Nachbarn schien die Verzierung auch nichts auszumachen, der Rachedurst des Baumeisters Mayr war gestillt, das war es auch schon.

Noch heute blicken die Masken grimmig zum Nachbarhaus. Die Häuserzeile hatte das große Glück, von den Bomben des Zweiten Weltkriegs verschont geblieben zu sein. Keinem Menschen – einige Ausnahmen wird es bestimmt geben – fällt das heute auf, man hat es heutzutage eben eilig. Selbst wenn man einen Blick zur Fassade wirft, schüttelt man im allerbesten Fall vielleicht den Kopf und denkt sich nichts dabei. Der gekränkte Baumeister Mayr liegt längst auf einem der Innsbrucker Friedhöfe, und es ist anzunehmen, daß er seinen Groll auf den Kollegen Nigler bestimmt nicht in die Ewigkeit mitgenommen hat.

Schwere Zeiten – traurige Ereignisse

KATASTROPHEN

Wie jede alte Stadt, so wurde auch Innsbruck von Katastrophen nicht verschont. Erdbeben zerstörten Leben und Existenzen, die Pest raffte im Mittelalter Tausende von Menschen innerhalb weniger Tage dahin, im Zweiten Weltkrieg fielen schwere Bomben auf Menschen und Bauwerke. Heute erinnern manche Denkmäler an diese schweren Zeiten. Oft geht man gedankenlos an dieser oder jener Kapelle vorbei, betrachtet vielleicht einen am Straßenrand stehenden Bildstock und denkt sich – leider – nichts dabei.

Es gibt in Innsbruck etliches, das an schwere Zeiten erinnert. An die schweren Erdbeben zum Beispiel, wo man wuchtige, sich nach oben verjüngende Steinpfeiler an die Häuser der Altstadt setzte, um diese vor den Erschütterungen zu schützen.

Es liegt in der menschlichen Natur, daß traurige Ereignisse und schwere Zeiten in der Erinnerung verblassen und an Gewicht verlieren. Das Vergessen-Können oder – besser gesagt – Vergessen-Dürfen ist ein Geschenk des Himmels.

Mag es heute auch vielleicht modern sein, alles zu hinterfragen, längst zurückliegende Geschehnisse aufzuwärmen und eine (dem eigenen Vorstellen passende) Interpretation darüber zu versuchen. Ganz wird das nie gelingen, denn was den Nachgeborenen so wichtig scheint, kann nie perfekt rekonstruiert werden. Was man nämlich nicht wiederherstellen kann, sind die Umstände. Die Zeit, die Lebensbedingungen, die Weltanschauung, die Politik, die wirtschaftlichen Verhältnisse, die Struktur der Familien, ja, nicht einmal das Wetter lassen sich deckungsgleich wiederholen oder nachvollziehen. Man sollte die Dinge auf sich beruhen lassen, darf nicht späte Urteile fällen. Was geschehen ist, ist geschehen – und vorbei. Viel wichtiger sind das Jetzt und das Heute, das Leben ist aufregend genug, möchte man meinen.

Trotzdem, die Ausflüge in Innsbrucks Vergangenheit wären nicht komplett, würde man nicht von traurigen Zeiten und tragischen Ereignissen berichten – aber auch von den Hoffnungen, die die Innsbrucker von gestern und vorgestern in die himmlischen Mächte gesetzt haben.

Daß sie das heute immer noch tun, läßt Legenden mit anderen Augen betrachten!

ERDBEBEN IN INNSBRUCK

Bei keiner Innsbrucker Fremdenführung wird darauf vergessen hinzuweisen, daß Innsbruck im Mittelalter von heftigen Erdbeben heimgesucht wurde. Die schweren, gemauerten Pfeiler an den Altstadthäusern wurden zum Schutz der Gebäude aufgerichtet und nicht, um Pfusch stümperhafter Baumeister zu korrigieren. Unterm 17. Juli 1670 ist in der Innsbrucker Chronik zu lesen:

Zwischen 2 und 3 Uhr früh, unter furchtbaren Windstößen, Beginn einer 40 Tage währenden Erdbeben-Periode. Insgesamt 109 Stöße erschütterten die Stadt, nur wenige Häuser bleiben unbeschädigt, die St. Jakobs-Statue stürzt von der Pfarrkirche, das Kuppelkreuz der Jesuitenkirche bricht ab und fällt zu Boden. Mauertrümmer blockieren die Straßen.

Die Wiesen rund um Innsbruck gleichen einem Heerlager, keiner getraut sich, in seinem Haus zu bleiben. Auch Erzherzogin Anna flüchtet in den Hofgarten.

Die Innsbrucker Bürgerschaft gelobte, alljährlich eine Alexius-Prozession – von der Pfarrkirche zu sieben verschiedenen Kapellen, die sich am Weg zur 7-Kapellen-Kirche in der Kohlstatt befindet – zu unternehmen. Die sieben Kapellen am Weg dorthin ergeben mit den sieben in der Kirche einen Kreuzweg mit 14 Stationen. Die Kirche, deren Außenfassade inzwischen prachtvoll restauriert wurde, besaß ein Heiliges Grab und trug deshalb auch den Namen „Heilig-Grab-Kirche". Übrigens, das Schicksal dieses

Abb. 48. Stützpfeiler an den alten Häusern der Innsbrucker Altstadt – kein Versuch, Pfuschereien der Bauhandwerker zu retuschieren, sondern zur größeren Sicherheit der Gebäude bei Erdbeben errichtet.

Abb. 49–50. Zwei weitere Beispiele der Erdbebensicherung aus der Altstadt.

Innsbrucker Gotteshauses war ein eher tragisches. Die Kirche wurde unter Kaiser Joseph II. säkularisiert. Das Gebäude fiel an den Staat, diente als Militärdepot und anderen ärarischen Zwecken. Bis in die siebziger Jahre des 20. Jahrhunderts verwendete es die Post als Materiallager, die dort Kabeltrommeln, allerlei technisches Gerät und Ersatzteile lagerte. Inzwischen ist die Außenfassade nach alten Darstellungen in gelungener Weise wiederhergestellt. Was den Innenraum angeht, da zerbrechen sich die Fachleute noch die Köpfe.

Die Gottesdienste fanden in diesen schwierigen Zeiten, als man keine Minute sicher sein konnte, daß die Erde nicht wieder zu beben begann, nicht in der Pfarrkirche, sondern im Freien statt. Ein Zeltdach schützte den Altar und das Allerheiligste.

Nicht genug der Schrecken, auch der Inn trat über die Ufer und setzte von Innsbruck flußabwärts mindestens 30 Häuser unter Wasser.

Die Erdbebenserie war allerdings noch nicht zu Ende. Noch immer kam die Erde nicht zur Ruhe, und die Chronik vermerkt dazu: Am 15. Jänner 1671 und am 22. Dezember desselben Jahres erschütterten weitere Erdstöße die Stadt.

Im Jänner 1713 gab es wieder ein heftiges Beben im Stadtzentrum. Dann vergingen etwa 20 Jahre, in denen die Menschen erleichtert aufatmen durften, bis die Stadt am 21. Jänner 1731 erneut erschüttert wurde. Am 27. Mai 1767 bebte die Erde wieder. Die Innsbrucker versammelten sich zu einem zehnstündigen Gebet, um mit der Kraft gemeinsamer Fürbitten weitere Beben abzuwehren – vergebens, nur 20 Jahre später, am 7. Jänner 1787, verzeichnete man in Innsbruck erneut ein starkes Beben. Und die Liste geht weiter:

12. Mai 1797. Erdbeben in Innsbruck.
1. September 1810. Erdbeben in Innsbruck.
5. Juni 1813. Starkes Erdbeben in Innsbruck.
19. August 1817. Starkes Erdbeben, die Stöße sind so stark, daß in einem Turm die Glocken anschlagen.
17. Juni 1820. Schweres, donnerndes Erdbeben im Stadtgebiet.
25. März 1832. Erneut bebt die Erde, Innsbruck kommt nicht zur Ruhe.
20. Juli 1836. Wieder bebt in Innsbruck die Erde.
10. und 15. Jänner 1842. Starke Beben in Innsbruck.
1852. Von Jänner bis April erschüttern immer wieder Erdstöße die Stadt Innsbruck und die nähere Umgebung.

Die Berichte lassen sich fortsetzen, immer wieder bebte die Erde, die Innsbrucker kamen nicht zur Ruhe. Es wurden Gebetsstunden, Wallfahrten und Messen abgehalten, zwischendurch versuchte man, den Ursachen wissenschaftlich auf die Spur zu kommen, denn so alle zehn bis zwanzig Jahre erschütterten (und erschüttern) leichtere und schwerere Stöße die Stadt.

Es bleibt zu wünschen, daß sich die schweren Beben des 17. Jahrhunderts in dieser Stärke nie mehr wiederholen. Daß es in Innsbruck heute noch ab und zu „rumpelt", daß Gläser klirren und Lampen ins Schwanken geraten, ist eine Tatsache, mit der die Innsbrucker halt „leben" müssen.

DER „SCHWARZE TOD", DIE PEST, SUCHT INNSBRUCK HEIM

Wenn heute in Zusammenhang mit einer besonders unangenehmen Angelegenheit von einem „Pesthauch" die Rede ist, kann es sich um Gefühle oder aber auch um Gerüche handeln, denn auch in unseren aufgeklärten Tagen empfindet man sie als das Unangenehmste, Schlimmste, Schlechteste und Übelste, was einem begegnen kann – die Pest. Sie war die Seuche des Mittelalters, eine Epidemie, der man nicht Herr wurde, die man als „Geißel Gottes" bezeichnete, deren Ausbrechen man als „Strafe des Himmels" und schweren Schicksalsschlag ansah. Sie raffte ohne Ansehen der Person Junge und Alte, Reiche und Arme, Frauen, Männer und Kinder dahin. Die Pestärzte ahnten, daß Ansteckung die Ursache für die hohe Zahl der Todesopfer sein mußte. Womit die Pest aber übertragen wurde, auf welche Weise die todbringende Krankheit die Menschen erfaßte, da tappte man im Dunkeln.

Die Pest wütete übrigens noch im Jahr 1890 in Innsbruck, wenn auch nicht mehr in dem Ausmaß wie im 16. und 17. Jahrhundert.

Erst als im Jahr 1894 die beiden Wissenschaftler A. Yersin und S. Kitasato den Pestbazillus entdeckt hatten, konnte die Suche nach geeigneten Gegenmitteln beginnen. Völlig ausgerottet ist die Pest bis heute nicht. Die Welt-Gesundheits-Organisation registrierte noch im Jahr 1960 über 360 Pestfälle, die allerdings auf die ärmsten und unterentwickeltsten Gebiete der Welt fielen.

Im Innsbruck von gestern waren Pestepidemien ein gefürchtetes, aber leider immer wieder auftretendes Ereignis. In der Zeit von 1463 bis 1465 war vom „großen Sterben" die Rede. Im Jahr 1528 verbot der Magistrat das Beherbergen fremder Leute in der Stadt, weil man befürchtete, die Reisenden könnten in ihrem Gepäck die Pest mitführen.

Von September 1625 bis Feber 1626 wütete der „Schwarze Tod" erneut in Innsbruck. Besonders betroffen waren die Vororte, speziell Hötting und St. Nikolaus. Damals entstand der er-

Abb. 51 Pestkapelle in den Amraser Feldern (1949; Zeichnung Adolf Schuler).

ste Pestfriedhof. Später pflegte man die Pesttoten überall in eigens für sie angelegten Friedhöfen zu beerdigen, man glaubte, die Leichen könnten Überträger der Krankheit sein – eine nicht ganz von der Hand zu weisende Annahme.

Als in Hötting der erste größere Pestfriedhof angelegt wurde, gelobten die Höttinger Bürger, alljährlich eine Andacht in der „Maria Heimsuchungs-Kapelle" in Kranebitten abzuhalten, damit die Pest endlich ein Ende finde.

Ein Pestfriedhof befand sich auch an der Sill in der Nähe des „Presten"- oder „Lazaretthauses" (heute steht dort das Haus Weinhartstraße 2). Der Pestarzt Dr. Paul von Weinhart leistete in diesen Zeiten Übermenschliches.

Abb. 52. Grabstein der an der Pest verstorbenen Anna Maria Daiser in der Dreiheiligenkirche.

Die Innsbrucker Bürger und die der Nachbar- beziehungsweise Vorortgemeinden gelobten in ihrer Verzweiflung, eine Kirche zu errichten, falls das Sterben endlich ein Ende hätte. Hilfe erhoffte man sich weniger von der Medizin als von den himmlischen Mächten. Im Grund waren die Menschen damals den Ereignissen hilflos ausgeliefert. Am 24. Mai 1612 legte der Bürgermeister Georg Fellengibl den Grundstein für die im Pestjahr 1611 von der Bürgerschaft versprochene Kirche.

Die Dreiheiligenkirche erinnert noch heute daran. Im Inneren befindet sich an der linken Seite gleich hinter dem Gitter ein stark nachgedunkeltes Bild, das eine „Allegorie auf die Pest" darstellt. Signiert ist es mit Jörg Fellengibl, und es ist anzunehmen, daß es sich dabei nicht um den Künstler handelt, der es schuf, sondern um den Stifter, den damaligen Bürgermeister Georg – Jörg – Fellengibl.

Die Vorderfront der Kirche wird von einem erst 1900 entstandenen Mosaik von Philipp Schumacher beherrscht. Es zeigt die

Abb. 53 Alte Pestkapelle in den Amraser Feldern (aufgenommen im Jahr 1964).

Pestheiligen. Zu Füßen der Muttergottes knien Erzherzog Maximilian der Deutschmeister sowie zwei Innsbrucker Bürger, die möglicherweise für Dr. Paul v. Weinhart und seine an der Pest verstorbene Gattin stehen könnten. Belegt ist es nicht, aber es würde zur Geschichte gut dazupassen.

Pestkapellen gab es und gibt es heute noch in Pradl und in Arzl im „Helfental", die Pest selbst ist gottlob erloschen, doch die kleinen Denkmäler werden von den Leuten immer wieder mit Blumen geschmückt, Kerzen brennen, und die Anliegen, die man den Heiligen heute vorträgt, werden die Menschen nicht weniger belasten.

Der Höttinger Pestfriedhof verfiel allmählich. Im Jahr 1846 erfolgte eine Wiederherstellung. Das Areal war erheblich verkleinert worden. Es war 1911, als sich in Hötting die „Pestfreithof-Gesellschaft" gründete, die sich das Ziel setzte, die Anlage wiederherzustellen. Am 18. Juli 1912 wurde die neue Kapelle eingeweiht. Am 23. Feber 1919 wurde eine Gedenktafel an die Gefallenen des Ersten Weltkriegs angebracht, der Pestfriedhof wurde somit auch zur Kriegergedenkstätte. In der Folge gab es immer wieder kleinere und größere Renovierungen, dabei wurde der Friedhof – vielleicht weil man andere Sorgen hatte und wichtigere Projekte – kleiner und kleiner. Er fristete an der Höhenstraße ein eher in Vergessenheit geratenes Dasein. Die Grabkreuze und Gedenkinschriften verblaßten. Die vom Maler Prantl in die Bogennischen der hangseitigen Begrenzungsmauer gesetzten Gemälde litten unter Schmutz und Staub. Die Pestfreithof-Gesellschaft löste sich auf, das Vereinsvermögen wurde zu treuen Handen der Stadt Innsbruck übergeben. Dann tat sich längere Zeit überhaupt nichts mehr.

Es war Hansjörg Patscheider, Besitzer des Gasthofs „Linde" auf der Innsbrucker Hungerburg, der als führendes Mitglied den Innsbrucker Verschönerungsverein im Sommer 2000 dazu bewegte, „etwas" für den Pestfriedhof zu tun, bevor er verfalle.

Der Obmann des Vereins, der Innsbrucker Hermann Hell, meinte, „etwas" sei zu wenig. Sein Ziel war, diese Gedenkstätte an schwere Zeiten umfassend zu restaurieren. Es sollte ein würdiges Denkmal werden, gewissermaßen ein Schmuckstück und ein beispielgebendes Praktizieren aktiver Denkmalpflege. Vereinsvorstände und Ausschuß fanden die Idee grundsätzlich zwar gut, aber woher das Geld nehmen? Der Obmann brachte das kleine Wunder zustande, er trieb die Finanzmittel auf, ohne die Vereinsgelder

Abb. 54. Der Pestkapelle in Hötting.

beanspruchen zu müssen. Nach nur 14 Monaten Renovierungszeit konnte am 23. April 2001 an einem strahlend sonnigen Frühlingstag der perfekt renovierte Pestfriedhof übergeben werden.

Wer heute daran vorbeigeht, der Friedhof befindet sich wenige Meter nach der ersten Kurve der Höhenstraße auf der linken Seite, sollte sich die Zeit für ein paar besinnliche Minuten nehmen. So hilflos wie damals ist man todbringenden Krankheiten heute vielleicht nicht mehr ausgeliefert. Aber es gibt neue, andere Leiden, gegen die das richtige Mittel immer noch nicht gefunden ist. So besehen, hat eigentlich jede Zeit ihre Plagen, und das sollte nachdenklich stimmen.

DAS „ENGLÄNDERGRAB" OBERHALB DER WEIHERBURG

Die meisten Innsbrucker wissen, wo sich diese Gedenkstätte befindet, die wenigsten aber kennen deren Geschichte.

Übrigens, seit der Verlegung des von der Hungerburg talwärts führenden Wilhelm-Greil-Wegs infolge der Erweiterung des Alpenzoos, liegt das Grab nicht mehr direkt zugänglich am Weg, sondern befindet sich innerhalb des Alpenzoo-Areals.

Die Geschichte beginnt im Jahr 1835. Die Weiherburg stand im Besitz des Joseph v. Attlmayr. Dessen Familie hatte an der Schloßbrücke mit dem sogenannten „Hafnerhaus" einen Neubau errichtet, in dem Gäste der Familie logieren konnten.

Eines Tages erreichte Herrn v. Attlmayr ein Schreiben aus England. Mister Chauncey Hare Townshend wandte sich an den Schloßbesitzer mit der Bitte, im Gästehaus Ferien verbringen zu dürfen. Es war möglich – es war sogar noch viel mehr möglich, als sich der Engländer erhofft hatte, denn die Attlmayrs übersiedelten ins neue Gästehaus, das vermutlich komfortabler war als das Schloß, Mister Townshend und seine Begleiter – wer sie waren, ist nicht überliefert – wohnten stilvoll im Schloß Weiherburg. Das war 1835.

Die Engländer fühlten sich derart wohl, daß sie wenige Jahre später wieder den Wunsch verspürten, nach Innsbruck zu kom-

Abb. 55. Das „Engländergrab" oberhalb der Weiherburg.

men. 1839 kamen sie wieder, und in ihrer Gesellschaft befand sich der erst 22 Jahre alte, schwer kranke Richard Tooth. Vielleicht hoffte man, die Tiroler Luft und die schöne Umgebung der Weiherburg würden den jungen Mann gesunden lassen. Doch dem war leider nicht so, denn am 20. Feber 1840 starb Richard Tooth. Sein letzter Wunsch: Dort, wo er eine letzte glückliche Lebenszeit verbringen durfte, wollte er auch begraben sein. Der letzten Bitte des Engländers wurde entsprochen, und die Gedenkstätte, wenige Meter unterhalb der Weiherburg, erhielt den Namen „Richardsruhe".

Mister Townshend verpflichtete sich, den Schloßbesitzern jährlich 20 Gulden für die Instandhaltung des Grabes anzuweisen. Mister Townshend starb 1863. In seinem Testament verfügte er, daß die Summe von 50 Pfund an Familie v. Attlmayr gehen solle. Verbunden war mit diesem Legat die Verpflichtung, die „Richardsruhe" auf „weltewige Zeiten" in gutem Zustand zu erhalten.

Inzwischen ist die Weiherburg in den Besitz der Stadt Innsbruck übergegangen. An sich würde sich die Stadt nicht unbedingt verpflichtet sehen, die „weltewigliche" Pflege zu übernehmen, doch man respektierte den Wunsch des Briten, und die Stadt übernahm die Pflege. Die einst überwiesenen 50 Gulden waren längst aufgebraucht, und nicht immer war es möglich, das Grab, das für die Innsbrucker längst zum „Engländergrab" geworden war, im Sinn des Testaments zu pflegen.

Aber in Innsbruck gibt es seit dem Jahr 1881 den „Innsbrucker Verschönerungsverein". In den Statuten heißt es, daß sich der Verein zur Verschönerung der Stadt und deren Umgebung verpflichtet, aber auch bemüht ist, Denkmäler und Gedenkstätten zu pflegen. Keine Frage also, daß sich der Verein auch des inzwischen etwas vernachlässigten Engländergrabs annahm. Das war im Jahr 1985, als der damalige Obmann des Vereins, Dr. Hans Krug, den Innsbrucker Steinmetzmeister Egon Seeber beauftragte, den Grabstein samt Inschrift zu sanieren. Ein Jahr später, 1986, übergab der Verein das renovierte Denkmal wieder der Stadt.

Der Stein trägt neben den Lebensdaten des jung verstorbenen Richard Tooth einen rührenden Nachruf in zwei Sprachen (englisch auf der vorderen, deutsch auf der rückwärtigen Seite):

> *Ach, so früh verloren – wenn jetzt dein Auge sieht*
> *ins Herz desjenigen, der diesen Stein errichtet,*
> *so wird es dort unbeschreibliches Leid erblicken,*
> *das die Zeit zwar heilen wird, doch auch vertiefen muß.*
> *Dein waren die Tugenden, die die Erinnerung umschlingen.*
> *Und in keiner neuen Freundschaft wird es gleiche Liebe bringen.*
> *So wie den Märtyrern die Flamme*
> *so ebnen Deine Qualen Dir den Weg zum Himmel.*
> *Noch sind von Schmerz gedrückt, die, die um Dich trauern*
> *und sich die bittre Süße Deines jugendlichen Antlitzes*
> *in Erinnerung rufen.*
> *Wir, die wir diese Stimme hören, die das Weinen uns verbot,*
> *als der Hauch des Todes hinstrich über Dich.*
> *Ach, trotz allem fließen nun die Tränen und unsere einzige Freude –*
> *in diesen Resten bist nicht Du, und Deine Stimme flüstert*
> *„Nicht vergeblich glaubt, wer auf ein Wiedersehen in Christus hofft."*

Mag schon sein, daß man seinerzeit wirklich mehr Gemüt zeigte und auch vor dramatischen Sätzen nicht zurückschreckte, man würde heute ganz bestimmt nicht seinen Gefühlen derart freien Lauf lassen, wie das damals möglich war – ganz abgesehen von den Kosten für eine dermaßen umfangreiche Inschrift.

Das Denkmal ist restauriert. Der „Alpenzoo", in dessen Gelände es jetzt steht, hat die Verpflichtung übernommen, gemäß dem Wunsch des Verstorbenen beziehungsweise dessen englischen Gönners Townshend das Grab zu pflegen. Daß sich der „Alpenzoo" der tätigen Mithilfe des Innsbrucker Verschönerungsvereins sicher sein darf, erleichtert diese Verpflichtung.

BOMBEN AUF INNSBRUCK

Eine Innsbruckerin erinnert sich: „Ich war damals noch ein Kind. Es war Advent, man schrieb den 15. Dezember 1943. Ich war eben von der Schule nach Hause gekommen. Die Mutter stand am Herd und schnitt Äpfel, die in einen Apfelschmarrn hineinkommen sollten. Plötzlich ein dumpfes Grollen und Stöße. Die Mutter dachte erst an ein Erdbeben. Dann sah sie durchs Fenster, wie ein plötzlich aufgekommener Wind jede Menge weißer Papiere von der Stadt her nach Pradl wehte. Der Lärm hörte auf, es flogen keine Papiere mehr, der Apfelschmarrn war fertig und wurde serviert. Dann drehte die Mutter das Radio auf und hörte, daß das der erste Bombenangriff auf Innsbruck war."

Die Innsbrucker fühlten sich bis zu diesem Tag eigentlich recht sicher. Natürlich wußte man von Bombardements auf deutsche Städte und bedauerte die dort lebenden Menschen zutiefst. Auch in Innsbruck heulten die Luftschutzsirenen, doch man nahm das nicht so ernst. Die Luftschutzkeller blieben bis zu diesem Tag leer.

Der erste Angriff traf eine völlig unvorbereitete Stadt. Die Innenstadt war ein Trümmermeer. Das Bahnpostamt war getroffen, und die weißen Zettel erwiesen sich als Poststücke, die nicht mehr zugestellt werden konnten.

Wenige Tage später, am 19. Dezember, kam der nächste Angriff. Viele Innsbrucker – der 19. Dezember fiel auf einen Sonntag – waren aus der Stadt geflüchtet und verbrachten diesen Tag irgendwo im Mittelgebirge. Als sie heimkehrten, sahen sie die Katastrophe. Die Innsbrucker Schulen waren geschlossen. Die Freude der Kinder darüber dauerte nicht lang, denn es gab Ersatzschulen, die nur weiter entfernt lagen. Kinder, die höhere Volksschulklassen besuchten oder in höhere Schulen gingen, wurden unter dem Titel „Kinder-Landverschickung" in die Hotels der Ferienorte gebracht, wohin die ganze Schule übersiedelte. Familien mit kleinen Kindern wurden aufs Land evakuiert, wo man sie sicher glaubte.

Bis zum 20. April 1945 gingen 22 Luftangriffe auf Innsbruck nieder. Insgesamt 3.833 Gebäude wurden teils völlig, teils mittel bis leicht zerstört. Gezählte 15.836 Innsbrucker Wohnungen waren unbewohnbar. Was noch schwerer wog: 498 Personen verloren bei Bombenangriffen ihr Leben, und 843 Menschen wurden leicht bis schwer verletzt.

Die Innsbrucker hatten mitunter längere Zeit weder Wasser, noch Gas oder Strom. Man holte das Wasser mit Kübeln und Kannen von öffentlichen Brunnen. Die öffentlichen Verkehrsmittel funktionierten nicht mehr, die Versorgung mit Lebensmitteln war unterbrochen, von regelmäßigen, nach Fahrplan verkehrenden Zügen war keine Rede mehr.

Ältere Innsbrucker, die sich an diese Zeit erinnern, stellen heute noch fest, daß die Menschen damals von einer beispiellosen Hilfsbereitschaft waren. Man half sich gegenseitig, wer Lebensmittel oder Heizmaterial hatte, teilte, wer handwerklich geschickt war, half dem Nachbarn, seine Behausung halbwegs bewohnbar zu machen. Man hielt zusammen und ließ sich trotz aller Angst und Sorge nicht unterkriegen.

Die Innsbrucker Behörden wie die kommunalen Einrichtungen leisteten wahre Wunder. Die Versorgung mit Strom, Gas und Wasser funktionierte nach erstaunlich kurzer Zeit wieder. Post wurde zugestellt, die Straßenbahnen fuhren, in den Menschen machte sich unerhörter Lebenswille breit, und das war es wohl auch, was geholfen hat, diese Schreckenszeit halbwegs durchzustehen.

Bürgermeister Dr. Anton Melzer rief die Innsbrucker nach Kriegsende auf, den Schutt wegzuräumen, er ging mit gutem Beispiel voran und griff selbst zur Schaufel. Gemessen an den gewaltigen Schäden, ging der Wiederaufbau bewundernswert rasch vor sich. Die

*Abb. 56. Bombenschäden in Innsbruck:
Die zerstörte Stiftskirche Wilten.*

*Abb. 57. Bombenschäden in Innsbruck:
Zerstörte Häuser in der Maria-Theresien-Straße.*

Innsbrucker faßten neuen Lebensmut und blickten in diesen Jahren nach vorn. Sie versuchten, das Geschehene zu vergessen – soweit das überhaupt möglich war. Manche seelische Wunde hat sich bis heute nicht geschlossen.

Die Toten der Bombenangriffe sollten, den damaligen Machthabern zufolge, auf einem neu anzulegenden Friedhof bestattet werden. Der entstand in der Nähe von Egerdach bei Amras und sollte „Osterfeld" heißen. Dieser Friedhof wurde wieder aufgelassen. An die Opfer erinnert heute am Pradler Friedhof ein Gedenkstein.

Die Innsbrucker Militär-Friedhöfe

Wenn es seit 1945 eine friedliche Zeit gibt, so sind diese mehr als ein halbes Jahrhundert umfassenden Jahre etwas ganz Besonderes, denn eine so langwährende Friedensperiode gab es noch nie. Ältere Leute nehmen das mit großer Dankbarkeit zur Kenntnis, jüngere Menschen können sich kaum vorstellen, wie das damals gewesen sein muß, und wenn Großeltern vom Krieg und von den damit verbundenen Schwierigkeiten erzählen, schütteln die Enkel mißgelaunt die Köpfe, und selbst mit gutem Willen ist es für sie einfach schwer, sich das vorzustellen.

DER TUMMELPLATZ

An Kriege und schwere Zeiten erinnern in Innsbruck die Kriegerfriedhöfe, von denen einer der landschaftlich stimmungsvollsten zweifellos der „Tummelplatz" ist, der sich westlich von Schloß Ambras im Gelände des Paschbergs befindet. Der Name „Tummelplatz" kommt daher, weil sich dereinst dort ein Gelände befand, auf dem den Pferden der Schloßbewohner Auslauf möglich war, wo sie sich nach Herzenslust eben „tummeln" konnten.

Der Beginn des Friedhofs im Wald liegt im Jahr 1797, als die ersten Soldaten im Militärlazarett, das in Teilen von Schloß Ambras untergebracht war, verstarben. Der Waldfriedhof wurde nach und nach zur Begräbnisstätte von Soldaten, Gefallenen oder Verwundeten, die in Heimatlazaretten ihr Leben lassen mußten. Im Jahr 1813 wurde der Waldfriedhof sozusagen zur offiziellen Begräbnisstätte. Pfarrer Alois Röggl von Amras weihte sie feierlich ein. Doch es entwickelte sich mehr als nur ein Friedhof. Für Soldaten, die in fremden Landen gefallen waren oder die vermißt wurden, errichtete man Gedenktafeln. Zugleich aber entstanden auch Votivtafeln, auf denen man für glückliche Heimkehr aus dem Krieg oder aus der Gefangenschaft dankte. Im Jahr 1838, so hält die Innsbrucker Chronik fest, soll das erste Votivbild angebracht worden sein.

Wenige Jahre später, 1853, erfolgte die Weihe der inzwischen errichteten, dem Heiligen Joseph geweihten Kapelle, 1884 der zweiten Kapelle, „Kreuzkapelle" genannt. Im Jahr 1892 wurde der Friedhof am Tummelplatz offiziell zum „Ehrenfriedhof von Tirol" ernannt.

Es entwickelten sich auch Legenden. So wird von einem „wundertätigen" Kreuz oder Bild berichtet. Besucher, die vor demselben eine innige, ernste Andacht verrichteten und nicht bloß ihre Bitten und Kümmernisse darlegten, sollen nicht nur getröstet nach Hause gegangen sein, auch die Probleme und Sorgen hätten sich von selbst in Nichts aufgelöst.

Am Tummelplatz fanden immer wieder Trauerfeiern und Prozessionen statt, der Männergesangsverein Wilten und Pradl hielt am 16. Mai 1915 eine Trauerfeier ab, am 2. November desselben Jahres trafen sich Veteranenvereine zu einer Gedenkfeier, eine Prozession von Bürgern gestaltete diese Veranstaltung zum Ereignis. Am 14. Mai 1916 enthüllte der Kriegerverein „Prinz Ludwig von Sachsen-Coburg-Gotha" ein Gedenkzeichen für gefallene Kameraden.

Im Jahr 1917 schuf der Innsbrucker Maler Toni Kirchmayr das Fresko der neuen Kapelle. Die Gedenktafeln mehrten sich, und als der Erste Weltkrieg endlich überstanden war, dankten Überlebende mit Votivtafeln für glückliche Heimkehr. Die Hinterbliebenen von Vermißten und Gefallenen erinnerten mit Marterln an die Männer, die irgendwo in fremder Erde lagen. Heimatbünde und Verbände gedachten der gefallenen Mitglieder, der Tummelplatz wurde mehr und mehr zur aktuellen Erinnerungsstätte, denn der Brauch, am Tummelplatz an verstorbene Familienmitglieder zu erinnern, setzte sich im und nach dem Zweiten Weltkrieg fort.

Es gibt längst einen „Tummelplatzverein", dessen Angehörige sich um die würdige Gestaltung und Erhaltung des Platzes kümmern. Wenn Hilfe technischer Art gefragt ist, wendet man sich an den Innsbrucker Verschönerungsverein, der mit Wegebau, mit der Sanierung von Mauerwerk oder der Renovierung eines alten Brunnens fachkundig alles wieder in Ordnung bringt.

Am „Totensonntag", dem Sonntag nach Allerheiligen, findet am Tummelplatz eine festliche Gedenkfeier statt. Es ist ein beeindruckendes und stimmungsvolles Bild, wenn ungezählte kleine Lichter vor den zahlreichen Grabkreuzen flackern, eine feierliche Andacht an die Toten der Kriege erinnert und zu Frieden und Völkerverständigung mahnt.

Unterm Jahr aber ist der Tummelplatz ein beliebtes Ausflugsziel, genau gesagt, der Ausgangspunkt einer bequemen Wanderung über gepflegten, schattigen Waldweg. Wer wenig Zeit hat und nur rasch einmal frische, kühle Luft atmen möchte, fährt ab dem Stadtzentrum mit der Straßenbahn Linie 6 bis zur Station Tummelplatz, geht die wenigen Meter bergauf und befindet sich schon am Ziel. Nach einer etwa halbstündigen Wanderung erreicht man am Ende des Weges wieder die Stadt. Wer zu den Stamm-Wanderern zählt, hat ein paar Erd- oder Haselnüsse in der Tasche, denn putzmuntere, fast zahme Eichhörnchen kommen ohne Scheu und nehmen sich die Leckerbissen.

DER „ALTE" MILITÄRFRIEDHOF

Der „alte" Militärfriedhof befindet sich wenige Meter vom sommerlich überfüllten „Tivoli-Schwimmbad" in der Anzengruberstraße im Stadtteil Pradl. Von einer Mauer umfriedet, ist er eine Oase der Stille inmitten eines ununterbrochen brausenden Ver-

Abb. 58. Alter Militärfriedhof.

kehrs links und rechts davon. Angelegt wurde er im Jahr 1831, die Mauer entstand einige Zeit später, 1842. Wer diesen stillen Platz besucht, wird in die Zeit der k. k. Monarchie versetzt.

Die altertümlichen Grabsteine weisen Namen hoher, verdienter Militärs aus, Adelige aus allen Teilen der Monarchie fanden dort ihre letzte Ruhestätte, ungarische, tschechische, italienische Namen sind zu lesen. Stolze Wappen sind in die teilweise verwitterten Steine graviert. Efeu und wildwucherndes Immergrün machen die Inschriften oft unleserlich. Hohe, alte Bäume spenden Schatten, auch an heißen Sommertagen ist es angenehm kühl –

ein Spaziergang durch den Friedhof ist zugleich eine Wanderung in die Vergangenheit.

Ab und zu finden noch Beerdigungen statt. Wenn eine Familie dort ein Grab besitzt, natürlich. Manche Familien gibt es längst nicht mehr. Da einer internationalen Abmachung zufolge Kriegsgräber aber erhalten bleiben müssen, wird niemand daran denken, diesen Friedhof je aufzulassen.

Rundum stehen Wohnhäuser, gibt es Geschäfte und Supermärkte, braust ununterbrochen Autoverkehr vorbei, in nächster Nähe befinden sich Schwimmbad und Sportanlagen – doch all der Lärm der heutigen Zeit ist in der Stille dieses kleinen Friedhofs kaum zu hören. Ein Idyll mitten in der Stadt? Wahrscheinlich ja, sofern es überhaupt erlaubt ist, einen Friedhof als solches zu bezeichnen …

DER „NEUE" MILITÄRFRIEDHOF IN PRADL

Der auf einem hochaufragenden schmalen Obelisken montierte Sowjetstern mutet vor der Kulisse der Innsbrucker Nordkette etwas seltsam an. Doch er hat seine Berechtigung, denn im „neuen" Militärfriedhof sind russische Soldaten, ehemalige Kriegsgefangene, beerdigt.

Der großzügig angelegte Friedhof wurde am 13. November 1915 angelegt. Er zeigt heute Gedenkkreuze, schlichte aus Stein, eines

Abb. 59. Aus dem „neuen" Militärfriedhof.

wie das andere, individuell gestaltete alpenländische Schmiedeeisenkreuze, aber auch nach Osten ausgerichtete Stelen mit dem roten Fez der Moslems. Kyrillische Schriften erinnern an russische Soldaten, Inschriften auf deutsch und italienisch und in anderen Sprachen bestätigen: Im Tod gibt es keine nationalen Unterschiede mehr, da zählt nur noch der Mensch.

Vor manchen der Kreuze stehen kleine Grablichter, liegen Blumen. Eine junge Frau gießt liebevoll ein winziges Buchsbäumchen. Ganz vergessen sind die Männer nicht, derer dort gedacht wird.

Zu Allerheiligen sammeln Jungschützen für das Schwarze Kreuz, jene Institution, die sich der Pflege und Erhaltung der Kriegsgräber verschrieben hat. Der Militärfriedhof besticht durch die gepflegten Grünflächen, und auch dort liegt friedliche Stille über den Reihen der Kreuze.

Es ist ein Gang zur Nachdenklichkeit, wenn man diese Friedhöfe in Innsbruck aufsucht. Die Daten der Inschriften weisen durchwegs Männer in jungen Jahren aus, und die Fragen warum, wozu, wofür sind allgegenwärtig. Vielleicht sollte man jungen Menschen den regelmäßigen Besuch derartiger Friedhöfe anraten, damit sie erkennen, daß Friede ein Geschenk ist, das man hüten und pflegen muß, das keinesfalls leichtfertig aufs Spiel gesetzt werden darf.

Hilfe von oben!

Die alten Innsbrucker hatten zu den himmlischen Mächten zweifellos ein gutes Verhältnis. Wie sonst erklärt es sich, daß im Lauf der Jahrhunderte so viele Wallfahrten und Andachtsstätten entstanden sind. Umso mehr mutet es seltsam und unerklärlich an, daß die heutigen Innsbrucker auf Schutz und Schirm scheinbar keinen gesteigerten Wert mehr legen. Können auch Heilige aus der Mode kommen? Hat sich ihre Kraft erschöpft oder hatten sie es eines Tages einfach selber satt, ständig und immer für die verschiedensten Anlässe parat zu stehen und bei den hochobersten Mächten um Hilfe zu bitten? Fanden sie ganz einfach, jetzt sei es genug, die Leute seien teilweise dumm und uneinsichtig, an ihrem Unglück selbst schuld?

So wird es wohl nicht gewesen sein. Die menschlichen Schwächen sind mit ziemlicher Sicherheit dieselben geblieben, und von Heiligen weiß man ja, daß sie über ein schier unerschöpfliches Potential an Geduld, Verständnis und Hilfsbereitschaft verfügen. Also werden sich diverse Veränderungen oder Verlagerungen von einem Heiligen zum nächsten vermutlich nie restlos erklären lassen. Eine darf sich jedoch nach wie vor unverminderten Zuspruchs erfreuen – Maria. Sie kam bis heute nicht aus der Mode und wird auch in Innsbruck in verschiedenen Kirchen und Kapellen verehrt. Ihr schütten die Menschen nach wie vor ihre Herzen aus und legen ihre Sorgen vor ihr nieder.

So aufgeklärt können die Zeiten gar nie sein, daß es nicht immer noch Menschen gibt, die sich mit ihren Kümmernissen und Nöten an die himmlischen Mächte wenden. Das ist in Innsbruck bis heute so geblieben und soll, so wünscht man sich das, auch so bleiben. Denn Beistand von oben, den kann man immer brauchen!

DIE VEREHRUNG DES „HERZEN JESU"

Nicht-Tiroler und Nicht-Innsbrucker wundern sich. Wie kommt es, daß sich Leute der Hilfe eines Herzens anvertrauen, das – sachlich betrachtet – nur Symbolcharakter hat? Die Herz-Jesu-Verehrung, die im Herz-Jesu-Fest am ersten Sonntag im Juni gipfelt, ist heute nach wie vor ein Teil des Kirchenjahres, und es wäre ebenso vermessen wie ungerecht, die Menschen, die daran festhalten, zu belächeln.

Die Herz-Jesu-Verehrung der Tiroler hat eine lange Geschichte. Sie soll im Jahr 1464 in Mellaun bei Brixen ihren Anfang genommen haben, wo sich das angeblich älteste Herz-Jesu-Bildnis des Landes befindet. Für die Innsbrucker ist die 1896/97 nach den Plänen der Bauunternehmung Huter im neuromanischen Stil errichtete Herz-Jesu-Kirche in der Innsbrucker Maximilianstraße der direkte Bezugspunkt zum Herzen Jesu. Damit ist die Geschichte aber längst nicht vorbei. Es gibt den „Herz-Jesu-Bund", und der wurde im Jahr 1796 geschlossen.

Die Zeiten damals waren gefahrvoll. Napoleonische Truppen rückten in Italien ein und besetzten am 14. Mai die Stadt Mailand. So weit ist Mailand von Tirol auch wieder nicht entfernt, die Bedrohung wuchs also tagtäglich. Vom 30. Mai bis 1. Juni 1796 saßen im Palais Toggenburg zu Bozen 26 von den Tiroler Landständen ausgewählte Herren und hielten Krisensitzung. Man zog Bilanz, addierte Regimenter, Schützen, Verteidigungsanlagen, Waffen und Munition und spürte: Das Ganze war zwar nicht eben wenig, ob es aber reichen würde, den anrückenden Feind abzuhalten beziehungsweise zurückzuschlagen, war die Frage. Unter den 26 Herren befand sich auch Sebastian Stöckl, der Prälat des Stiftes Stams.

Nach einiger Überlegung stellte der geistliche Herr fest, es sei zwar wichtig, militärisch gut gerüstet und strategisch vorbereitet zu sein, in besonderen Notzeiten, wie sie nun heraufzuziehen drohen, brauche es allerdings mehr. Er schlug vor, man möge einen Bund mit dem Heiligsten Herzen Jesu schließen und sich dessen Hilfe versichern, denn Hilfe und Beistand von oben seien nicht weniger wichtig als Waffengewalt drunten. Die Herren erklärten sich spontan mit dem Vorschlag einverstanden, und so bestimmte Prälat Stöckl den Freitag nach der Fronleichnamsoktav tirolweit als „Herz-Jesu-Freitag"; an diesem Tag sollten im ganzen Land Gottesdienste in festlicher Art und Weise gefeiert werden.

Als Tirol im Jahr 1805 an Bayern kam, wurden die Herz-Jesu-Feste generell verboten. Als Andreas Hofer am 24. Mai 1809 seine Getreuen um sich scharte, bekannten sich die anwesenden rund 6.000 Schützen zum Herz-Jesu-Bund. Landesweit wurde dieses Gelöbnis eingehalten und Jahr um Jahr in festlicher Weise erneuert. Ab dem Jahr 1848 – die politischen Verhältnisse hatten sich halbwegs normalisiert – erklärte das Land Tirol den „Bund des Landes Tirol mit dem göttlichen Herzen Jesu" zur Landessache – und eine solche ist sie bis heute geblieben.

Abb. 60. Herz-Jesu-Verehrung in Innsbruck.

1896 dichtete Josef Seeber das „Herz-Jesu-Bundeslied", und heute noch wird am Gelöbnistag in sämtlichen Innsbrucker Kirchen nach mächtigem Vorspiel durch den Organisten „Auf zum Schwur, Tiroler Land" gesungen. Das Lied hat eine markante Melodie, es steigert sich im Refrain: „Drum geloben wir aufs neue, Jesu Herz, dir ew'ge Treue".

Ein, wie Herz-Jesu-Kenner behaupten, dem Original, das sich in Bozen befindet, getreulich entsprechendes Abbild des Herz-Jesu-Bildes, steht am linken Seitenaltar in der Innsbrucker Jesuitenkirche.

Das Gelöbnis wird heute noch gesprochen – allerdings mit einer der heutigen Zeit etwas angeglichenen Formel. Der Kaiser wurde gestrichen, Werte wie Erhaltung der Heimat, Treue, Erziehung der Kinder im rechten Glauben gelten aber nach wie vor.

Die Herz-Jesu-Begeisterung war damit noch nicht erschöpft, denn es wurden, fast parallel zur Sommer-Sonnenwende, auf den Bergen die Herz-Jesu-Feuer entzündet. So schön diese Sache auch sein mochte, sie wurde von gewissen Seiten auch zur Demonstration politischer Ansichten mißbraucht. Konservative Anhänger brannten Herz-Jesu-Feuer ab und zeigten mit religiösen Symbolen wie flammenden Herzen, Kreuzen oder anderen Zeichen, daß man am Alten und Überkommenen festzuhalten gedenke. Die Liberalen hingegen, die es mehr mit Freiheit und moderneren Idealen hielten, brannten Schriftzüge aufrührerischen Inhalts ab, und es geht die Rede, daß sich Feuer entfachende Patrioten sowohl von der einen wie auch von der anderen Liga während des Abstiegs von der Innsbrucker Nordkette gehörig in die Haare geraten sein sollen.

Die Erbauung der Herz-Jesu-Kirche Ende des 19. Jahrhunderts fällt mit dem Jubiläumsjahr der Gründung des Herz-Jesu-Bundes zusammen. Doch trotz des Jubiläums, trotz des Bundes – die Herz-Jesu-Kirche wurde aus völlig anderen Gründen zur Wallfahrtskirche vieler Innsbrucker. In dieser Kirche befindet sich nämlich das Gnadenbild „Maria von der immerwährenden Hilfe", das bis zu seiner Übertragung zum Bestand der Johannes-Nepomuk-Kirche am Innrain gehörte. Das Gnadenbild ist eine Kopie eines Originals, das sich in Rom befindet, von dem die Legende behauptet, es sei vom heiligen Lukas persönlich gemalt worden. Kunsthistoriker sagen, es sei im Grund eine Ikone, die vermutlich aus dem 14. Jahrhundert stamme. Heute noch finden viele Innsbrucker dort Trost und Hilfe, und so kann die Herz-Jesu-Kirche mit Fug und Recht als Marienwallfahrtskirche angesehen werden, und nicht als Zentrum der Herz-Jesu-Verehrung.

ÜBER DEN HEILIGEN JUDAS THADDÄUS

Der heilige Judas Thaddäus ist jener Apostel, der mit einer Keule dargestellt wird, auf die er sich stützt. Ihm wird ein besonderes Naheverhältnis zu Jesus zugeschrieben. An ihn wenden sich Menschen in besonders aussichtslosen Fällen.

In Innsbruck gibt es ein kleines Bildnis des Heiligen in der Seitenkapelle der Hofkirche. Einen besonders eindrucksvollen, geschnitzten besitzt die Herz-Jesu-Kirche. Man muß die Bilder und Statuen mitunter suchen, der Heilige Judas Thaddäus bietet sich nicht gleich seinen Verehrern.

Ein Bildnis, ein nicht einmal besonders guter Farbdruck des Heiligen, hing bis zur Renovierung in jüngster Zeit auf einem Pfeiler in der Spitalskirche zum Heiligen Geist in der Maria-Theresien-Straße. Es befand sich im rückwärtigen Teil des Kirchenschiffs auf der rechten Seite. Immerzu brannten vor dem Bild Kerzen, fast immer standen Blumen davor, und im Opferstock klingelte es häufiger als in anderen.

Dieser „Judas", und nur dieser, war für eine Innsbrucker Geschäftsfrau schlicht und einfach DIE himmlische Bezugsperson. Die Dame war resolut, äußerst tüchtig, ihre Mitarbeiter hielt sie mit strengem Regiment bei der Stange. Vertreter, die ihre Aufwartung machten und mit ihr Geschäfte abschließen wollten, fürchteten sie beziehungsweise ihre Gabe, den Preis herunterzuhandeln, Reklamationen mit anklagender Stimme vorzutragen und auch vor Drohungen mit Anwalt und Gericht nicht zurückzuschrecken. Eine „beinharte" Geschäftsfrau war sie eben, und man hatte vor ihr Respekt.

Anläßlich eines Gesprächs war sie etwas milder gestimmt und gab zu, daß die geschäftlichen Erfolge und das Ansehen ihres Unternehmens nicht allein dem Fleiß und ihrer persönlichen Tüchtigkeit zuzuschreiben seien. Großen Anteil daran habe auch Judas Thaddäus. „Aber der in der Spitalskirche", betonte sie, den in der Herz-Jesu-Kirche könne man getrost vergessen, der sei „für die Katz".

Auf die Gegenfrage, ob es denn im Grund nicht gleichgültig sei, zu welcher Darstellung man sich wende, es gehe schließlich um

Abb. 61 Der heilige Judas-Thaddäus in der Spitalskirche.

den Heiligen, und der sei gewissermaßen überregional, lächelte sie wissend und behauptete, sie kenne sich da aus und habe entsprechende Erfahrungswerte. Auf den in der Hofkirche könne man sich übrigens auch verlassen, obwohl der eher „zweite Garnitur" sei.

Stets bat sie ihre Gesprächspartner, das nicht allzu sehr herumzuerzählen. Nicht, weil es ihr vielleicht peinlich gewesen wäre, ihr Naheverhältnis zu einem Heiligen preiszugeben, sondern einfach deshalb, weil man selbst Heilige nicht überstrapazieren dürfe. Sie brauche ihn immer wieder, und seine Gunst solle ihr gelten und nicht Leuten, die einfach nur so daherkämen!

Man kann dazu stehen, wie man will. Der heilige Judas Thaddäus steht nach wie vor hoch in der Gunst der Innsbrucker. Er soll, so heißt es, in besonders ausweglosen Situationen, egal welcher Art, tatkräftig helfen. Wenn es einmal ganz dick daherkommt, gibt es ein Rezept, das von kundigen Innsbruckern heute noch gewissenhaft befolgt wird. Eine bestimmte Gebetsfolge in Verbindung mit einer intensiven Anrufung des Heiligen sollte nacheinander in sieben verschiedenen Kirchen oder Kapellen gesprochen werden. Für eine kleine Gabe ist der Heilige auch zu haben, es muß nicht viel sein, auch Kerzen untermauern die Bitte.

Es wäre nicht recht, würde man das als Aberglauben abtun. Man sollte sich auch nicht lustig machen und spotten. Katholische Menschen haben es dank des Vorhandenseins verschiedener Heiliger, die für die verschiedensten Anliegen zuständig sind, eben leichter.

Man sollte darüber nachdenken und sich in den Innsbrucker Kirchen auf die Suche nach dem heiligen Judas Thaddäus machen. Den in der Spitalskirche gibt es in Form des Farbdrucks nicht mehr, aber es gibt einen wunderschönen barocken, ein eindrucksvolles Relief, das sich auf der rechten Seitenwand des Kirchenschiffs befindet.

DAS „HÖTTINGER BILD"

Oberhalb von Hötting steht mitten im Wald eine kleine Kirche. Wanderwege führen von der Hungerburg über Gramart oder von der Stadt aus über den Planötzenhof dorthin, es gibt sogar eine asphaltierte schmale Fahrstraße, die jedoch nicht von jedermann benützt werden darf. Das „Höttinger Bild" hat eine bis ins 17. Jahrhundert zurückreichende Geschichte.

Am Anfang steht eine Legende. Im Jahr 1675 soll ein Student ein kleines Marienbild auf den Höttinger Berg gebracht haben. Er befestigte es an einem Baumstamm und kam immer wieder dorthin, um zu beten und um Hilfe für eine bevorstehende Prüfung zu erbitten. Es gingen etliche Winter übers Land, doch das Bild beziehungsweise der Baum, an dem es hing, überstanden alle Lawinenabgänge, Stürme und Schneefälle, Regengüsse, Gewitter und Hagelschläge. Das durfte man bedenkenlos als kleines Wunder ansehen. Und da auch der Student seine Studien erfolgreich abgeschlossen hatte, machte in Studentenkreisen alsbald die Kunde die Runde, daß dieses Bild im Wald auf wundersame Weise Hilfe spende. Nach und nach wurde das Höttinger Bild, wie es inzwischen hieß, zur Studentenwallfahrt. Das Bild bekam den Namen „Maria, Zuflucht der Studenten".

Im Jahr 1774 wurde die kleine Kirche errichtet. Sie konnte sich nur wenige Jahre regen Zuspruchs erfreuen, denn bereits zwölf Jahre später – 1786 – befahl Kaiser Joseph II., die Kirche sei erst zu sperren, dann sollte sie abgebrochen werden. Soweit kam es jedoch nicht, aber das Marienbild wurde in feierlicher Prozession – Kaisererlaß hin oder her – in die Höttinger Kirche gebracht, wo es genau hundert Jahre, bis 1886, geblieben ist. Die Zeiten änderten sich, und an den seinerzeitigen Befehl des Kaisers aus Wien dachte niemand mehr. Das Bild wurde also wieder an seinen ursprünglichen Platz gebracht, und dort steht es bis heute.

Die kleine Kirche mit dem charakteristischen Glockentürmchen zeigt im Inneren zarten Rokokostuck und Fresken, die Franz Altmutter im Jahr 1794 schuf. Man sieht unter anderem eine Darstellung der Legende mit dem Marienbild am Baum. Das Gnadenbild schmückt den Hochaltar, eine mit einem schönen Mantel bekleidete Muttergottes hält das Jesuskind auf dem Arm. Mutter und Kind sind je von einer Krone bekrönt. Der kleine Altar im barocken Stil stammt von Michael Egger. Den Platz vor der Kirche beherrscht eine Kreuzigungsgruppe mit einem Altartisch.

Heute wie damals pilgern Studenten zum Höttinger Bild. Ist es die Wanderung durch den Wald, die frische Luft, die Bewegung, die das Gehirn etwas lüftet und die kleinen grauen Zellen in Schwung bringt – wie immer, den jungen Leuten fällt danach das Studieren leichter. Und die Folge davon – die Prüfungen werden gut bestanden. Auch die Innsbrucker Bäcker halten allherbstlich die „Bäckerwallfahrt" zum Höttinger Bild ab. Viele Innsbrucker lieben die Wanderwege zu diesem idyllischen Platz mitten im Wald. Ob sie mit Sorgen und in Nöten hierher pilgern, ob sie sich für etwas Gutes oder Gelungenes bedanken möchten, ist eine persönliche Sache, die keinen etwas angeht.

Für viele Menschen sozusagen ein „Pflichttermin" geworden ist die Christmette am Höttinger Bild. Ungeachtet des Wetters ma-

Abb. 62.
Höttinger
Bild.

chen sich immer mehr Leute auf, um in der Weihnachtsnacht mit Taschenlampen und Laternen zum Höttinger Bild zu stapfen. Die Christmette, feierlich umrahmt von den festlichen Klängen einer Bläsergruppe, erleben die meisten Besucher auf Grund des Platzmangels in der kleinen Kirche im Freien. Ob es dazu leicht schneit oder ob ein klarer Sternenhimmel über der Christnacht steht, die Weihnachtsmette mitten im Höttinger Wald ist ein Erlebnis für Herz und Seele. Wenn dann die Weihnachtsglocken von den Türmen der Stadt heraufklingen, spürt jeder: Noch schöner kann ein „Heiliger Abend" eigentlich nicht ausklingen!

HEILIGWASSER OBERHALB VON IGLS

Wenn Innsbrucker südwärts blicken und auf den Hausberg, den Patscherkofel, sehen, dann denken viele, wenn sie die aus dem Grün des Waldes weiß herausleuchtenden Gebäude von Heiligwasser entdecken, an ihre Kinderzeit. An Ausflüge in den Sommerferien, wo man nach dem Aufstieg die Hände ins frische Wasser des Brunnens hielt, um sich etwas abzukühlen, bevor man in die kleine Kirche trat. Auch Innsbrucker Kinder brachten, wie das überall der Fall ist, nicht die rechte Andacht auf, die Vorfreude auf ein weißes oder rotes Kracherl im nebenstehenden Wirtshaus, auf eine duftende Knödelsuppe war allemal größer.

Waren die Kindertage vorbei, freuten sich die jungen Leute auf den ersten Schnee und das Skifahren.

Heiligwasser gehörte zu Innsbruck, immer schon, wenn auch der Wallfahrtsort zur Gemeinde Igls gehörte, die erst im Jahr 1942 Innsbruck eingemeindet wurde.

Heiligwasser zu besuchen, bedeutete einen längeren Ausflug. Man ging entweder zu Fuß über den Paschberg bis Igls, querte den Ort, und am Fuß des Patscherkofel, wo die erste Kapelle stand, begann der Weg. 14 Kreuzwegstationen sind es, die nach Heiligwasser führen. Die Wallfahrt selbst ist eine Marienwallfahrt. Das Gnadenbild, eine spätgotische Muttergottes mit Kind, stammt aus der ersten Hälfte des 15. Jahrhunderts – „stammte", weil es im Jahr 1971 gestohlen wurde und sich seither eine Kopie in der Kirche befindet.

Heiligwasser entstand, wie alle Wallfahrtsorte, aus einer Legende. Sie hat ihren Ursprung im Jahr 1606. Da sandte der Igler Bauer Christian Mayr seine beiden Buben, Hansl und Paul, in den Bergwald oberhalb von Igls, um sechs Kühe zu suchen, die am Vortag auf der Weide zurückgeblieben waren. Die Buben, zwölf und vierzehn Jahre alt, machten sich auf den Weg. Als sie bergan gingen und einmal in die Höhe blickten, trauten sie ihren Augen nicht. Oben am Berg zeigte sich eine helle, strahlende Stelle, und zu dieser pilgerten, einer Geisterschar gleich, betende und singende Menschenmengen mit wehenden Kirchenfahnen. Die Buben stiegen weiter bergan und kamen zum sogenannten „Butterbrünndl", und

Abb. 63. Heiligwasser oberhalb von Igls (um 1910) – Marienwallfahrtsort der Innsbrucker.

wieder sahen sie schier Unglaubliches. Beim Brünndl stand eine überirdisch schöne Frau in herrlichem Gewand, an der Hand hielt sie einen kleinen Buben, der in seiner Hand eine Weltkugel trug.

Die beiden Buben waren überwältigt und wußten sofort, bei dieser wunderschönen Frau kann es sich nur um die Gottesmutter Maria handeln. Doch noch mehr der Wunder! Die schöne Frau begrüßt die Buben und fragt sie nach dem Grund, weshalb sie im steilen Wald herumsteigen. Die Kinder berichten von den verlorengegangenen Tieren, und die Dame hört sich das an, tröstet die beiden lächelnd und verspricht, oberhalb der Quelle würden sie die Kühe finden, sie mögen nur ein Stück weiter hinaufgehen.

Das war noch nicht alles. Bevor sich die zwei auf den Weg machten, sagte sie, den Kindern würden am Weg ins Tal zwei Wiltener Chorherren begegnen. Denen sollten sie von dem Ereignis berichten. Auf keinen Fall vergessen sollten die Buben den Hinweis, die schöne Dame wünsche sich, daß an dieser Stelle eine Kirche errichtet werden sollte. Soweit die Legende.

Die Kirche wurde gebaut und am 20. Oktober 1665 von Bischof Jesse Perkhofer aus Brixen geweiht. Den Altar stiftete Matthias Fux aus Matrei am Brenner. Das Gnadenbild der Madonna mit Kind wurde vom Stift Wilten gespendet, die Statue befand sich in Stiftsbesitz.

Das Marienwunder, das die zwei Igler Buben, Hansl und Paul, erlebten, blieb nicht das einzige. Noch vor dem Bau der Kirche, es war im Jahr 1651, kam der inzwischen längst erwachsene Hansl, inzwischen Johann Mayr, mit dem taubstummen Kind seines Nachbarn an den Platz, wo er als Kind der schönen Frau begegnet war. Er betete inständig um Heilung des armen, taubstummen Buben, und das Wunder geschah, der Bub konnte wieder sprechen. Johann Mayr berichtete an höherer Stelle, sprich im Stift Wilten, vom Erlebten, die Chorherren wandten sich wiederum an den Bischof von Brixen, und die Sache kam in Schwung.

In Schwung kam auch die Wallfahrt. Es waren die verschiedensten Anliegen, die man nach Heiligwasser trug, und unzählige Votivtafeln, die bald die Kirchenwände bedeckten, zeugten vom Dank für erhaltene Hilfe. Das frische Wasser, das unermüdlich in den Brunnentrog fließt, gilt als heilkräftig, und es geht die Rede, es sei besonders wirksam bei Augenleiden. Bewiesen ist das nicht, Untersuchungen erbrachten auch nichts, aber, wie es heißt, der rechte Glaube vermag Berge zu versetzen.

Heilig-Wasser ist bis heute eine beliebte Wallfahrt geblieben. Es gibt immer wieder Pilgerfahrten, die in größerem Umfang organisiert werden. Besonders im Marienmonat Mai, am 5. August, dem Fest Maria Schnee, an dem übrigens das Patrozinium begangen wird, aber auch am 15. August, dem Fest Mariä Himmelfahrt, das zugleich Tiroler Landesfeiertag ist, wandern größere Scharen nach Heiligwasser.

Im nebenliegenden Wirtshaus ist man gerüstet, denn Wallen macht hungrig, und neben der Seele verlangt auch der Leib nach Nahrung. In großen Häfen kocht die duftende Rindsuppe vor sich hin, wahre Gebirge von Knödeln sind vorbereitet, ein Braten brutzelt, Strudel, Torten und Kuchen duften verführerisch. Die Wallfahrtseinkehr von Heiligwasser genießt einen hervorragenden Ruf. Wer als ganz gewöhnlicher Wanderer dorthin kommt, besucht selbstverständlich – ob er nun zu den gläubigen Zeitgenossen gerechnet werden darf oder nicht – die kleine, inzwischen meisterlich restaurierte Kirche und hält ein paar Minuten Rast. Wer aber mit Sorgen und großen Anliegen zur Gottesmutter von Heilig-Wasser kommt, geht immer getröstet nach Hause, und das ist bis heute so geblieben.

Literatur und Quellen

Der Bote für Tirol
Busson Paul, Vitus Venloo
Dehio Tirol
Dollinger Inge, Tiroler Wallfahrtsbuch
Festschrift 50 Jahre Exlbühne
Fischnaler Konrad, Innsbrucker Chronik
Forcher Michael, Tirol – historische Streiflichter
Glattauer Herbert O., Innsbrucker Straßennamen
Gruener Franz, Die Tiroler Dichtermähre
Hölzl Norbert, Tausend Jahre Tirol
Innsbruck hilft sich selbst, hrsg. von der Stadtgemeinde Innsbruck
Innsbrucker Nachrichten
Innsbrucker Verschönerungsverein, verschiedene Schriften
Klein Hugo, Alt Innsbrucker Geschichten
Klaar Karl, Alt-Innsbruck und seine Umgebung
Paulin Karl, Sagen aus Tirol
Paulin Karl, Tiroler Köpfe
Pfaundler Gertrud, Tirol-Lexikon
Pöll Josef, Stimmen der Heimat
Reclams Kunstführer, Band Westösterreich-Tirol
Tiroler Heimatblätter
Tiroler Jungbürgerbuch
Tiroler Tageszeitung
Wiederaufbau in Innsbruck, hrsg. vom Südwest-Verlag
Widmoser Eduard, Tirol von A bis Z
Zimmermann A., Alte Stadt im Ungewitter
Zingerle Ignaz, Kinder- und Hausmärchen aus Tirol

Bildnachweis:
A. M. A. Chowanetz, Starnberg: 34; Archiv Berenkamp: 12, 16, 18, 20, 23, 24, 33, 44, 45, 46, 47, 50, 58, 59, 60, 61; Archiv Bundesdenkmalamt Innsbruck: 56, 57; Archiv Stift Wilten: 62; Meliss Benno: 35, 36, 37, 38, 39, 40, 41, 42; Pfaundler Wolfgang, Tiroler Jugendbürgerbuch (Foto Larl): 7, 8; Sammlung Herbert Zimmermann: 10, 28, 29, 30, 31, 32, 63; Sammlung Ingelies Zimmermann: Abb. 1, 2, 3, 4, 5, 6, 9, 11, 13, 14, 15, 17, 19, 25, 26, 27, 43, 48, 49, 51, 52, 53, 54, 55; Tiroler Landesmuseum Ferdinandeum: 21, 22.